6つのプロセスで理解する

令和の
学校
マネジメント

日渡円・葛西耕介 編著

学事出版

はじめに

　本書は、2021年の中央教育審議会答申で「令和の日本型学校教育」が提唱される中で、そうした真の自律的学校経営の実現にとって校長ら学校管理職の存在が決定的に重要であること、その一方で、そうした自律的学校経営をマネジメントする能力の開発について、学校管理職が体系的に、しかも自習によって学べる書籍がほとんどないといった背景から、そのニーズに応えるべく編纂されたものです。

　本書は対象として、現職の学校管理職（校長、教頭、主幹教諭など）にとどまらず、これから学校管理職になろうと思っている方、なることになってしまった方、を想定しています。また、近年の法改正で学校経営への参画が期待されている学校事務職員や、近年のいびつな世代構成によって早期からリーダー的役割を求められている若手教員も、読者として想定しています。

　本書が類書と異なるのは、次の点にあります。
　第1に、校長経験者のほか、教育長、次長、指導主事、学校事務職員ら、学校、教育行政経験が豊富で、現場の事情をよく知る者によって書かれていることです。そのため、読者にとって具体的で身近な問題に関連づけて、分かりやすい言葉で書かれています。
　第2に、すでに全国の学校管理職研修で用いられてきた研修プログラムを基礎にしている点です。そのため、どこの学校管理職も行うであろうマネジメント・プロセスに即した、体系的な能力開発を自学自習することが可能になっています。また、10年余り学校管理職研修を実施してきた経験や反省が踏まえられた充実した内容になっています。

本書の構成について述べますと、第1章と第2章では、従来とは異なるマネジメントとその能力開発が求められる背景について、教育委員会制度の歴史や変遷、近年の経済社会変化にさかのぼって解きほぐしています。

　第3章から第9章は、本書の本体となりますが、全国で実施してきた学校管理職研修プログラムをベースに、マネジメント能力のとらえ方とその伸ばし方を述べています。「情報収集」「分析」「構想」「企画」「実行」「判断」という、学校管理職がたどるマネジメント・プロセスに沿って構成されていますので、読み進めていただく中で、各々のマネジメント・プロセスにおける「応用力」への気づきを促し、自身で「応用力」を高めていける内容になっています。

　第10章では、著者らのディスカッションの形をとって、職場での事例などを紹介しながら、本書が目指すマネジメント能力開発の意図や内容を平易に解説しています。本章から読み進めるのもよいかもしれません。

　ぜひ本書を幅広い方に手に取っていただき、勤務校のマネジメントの在り方を同僚とディスカッションしていただけると嬉しく思います。

　本研修プログラムの骨格を開発した兵庫教育大学と、本書の執筆には加わらなかったものの研修開発・試行を共にしてきた仲間に、この場を借りて感謝申し上げます。

2023年2月　編者記す

第 **1** 章

令和時代の学校
マネジメントとは何か

1.「学校や教育委員会にマネジメントの発想を取り入れる」のインパクト

　日本の教育界で「マネジメント」という言葉が広く使われるようになったのは、2000（平成12）年の「教育改革国民会議報告―教育を変える17の提案―」からです。わずか20数年前のことです。

　そもそも教育改革国民会議は、内閣総理大臣の私的諮問機関として設置され、「21世紀を担う創造性の高い人材の育成を目指し、教育の基本に遡って幅広く教育の在り方を検討する」ことを目的としました。その審議内容は幅広く、「教育を変える17の提案」がその後の制度改正に与えた影響は大きいものがあります。

　本書のテーマである「マネジメント」がどのような文脈・ストーリーで我が国の教育界に「マネジマント」の発想を必要としたのかを理解する上で「17の提案」は重要なので、以下に今一度記載してみます。

●人間性豊かな日本人を育成する
　〇教育の原点は家庭であることを自覚する
　〇学校は道徳を教えることをためらわない
　〇奉仕活動を全員が行うようにする
　〇問題を起こす子どもへの教育をあいまいにしない
　〇有害情報等から子どもを守る
●一人ひとりの才能を伸ばし、創造性に富む人間を育成する
　〇一律主義を改め、個性を伸ばす教育システムを導入する
　〇記憶力偏重を改め、大学入試を多様化する
　〇リーダー養成のため、大学・大学院の教育・研究機能を強化する
　〇大学にふさわしい学習を促すシステムを導入する
　〇職業観、勤労観を育む教育を推進する
●新しい時代に新しい学校づくりを
　〇教師の意欲や努力が報われ評価される体制をつくる
　〇地域の信頼に応える学校づくりを進める

○学校や教育委員会に組織マネジメントの発想を取り入れる

　　○授業を子どもの立場に立った、わかりやすく効果的なものにする

　　○新しいタイプの学校（"コミュニティ・スクール"等）の設置を促進する

●教育振興基本計画と教育基本法

　　○教育施策の総合的推進のための教育振興基本計画を

　　○新しい時代にふさわしい教育基本法を

　いかがですか。わずか20数年前と書きましたが、20数年も前にこのような提案がなされていたのです。教育に携わる者は内容の賛否にかかわらずこの「17の提案」の中で、教育内容から教育システムまで教育界が動いていることを実感することができると思います。

　新しい教育の方向性を実現するために教育システムを変えていこうというストーリーです。本文を引用すると、人間性豊かな日本人を育成し、一人ひとりの才能を伸ばし創造性に富む人間を育成するために、新しい時代に新しい学校づくりをしていきましょう、となります。

　その、新しい時代の新しい学校づくりの要が、学校や教育委員会にマネジメントの発想を取り入れることです。さらに、そのマネジマントが発揮されるのは、教師の意欲や努力が報われる教員評価制度であり、地域の信頼に応える学校づくりであり、子どもの立場に立った分かりやすく効果的な授業づくりであり、コミュニティ・スクールを進めるためです。

　当然、報告がなされれば中央教育審議会の検討審議の対象となります。ご存じのように、「17の提案」はその後の中央教育審議会の方向性を決定したと言っても過言ではありません。

　さて、当時20数年前の日本にはマネジメントという発想はなかったのかと言えば、学校や教育行政にもはっきりとマネジメントと自覚はしないまでも、そのような発想を持つ人はいたでしょう。しかし、学校や教育行政の外側の社会を見てみると、マネジメントという考えは当然のごとく取り入れられていました。それはどのような考えだったでしょうか。

　今でも学校や教育行政、いわゆる教育界の弱いところですが、外圧に左右

されるところがあります。学級や学校単位での先進事例や優良事例は知りつつ、意識しつつもなかなか自分の経験や思いを変えることはしませんが、例えば全国学力・学習状況調査のような大きな外圧には弱いものです。ここで言っていることは、学力を上げることが悪いと言っているのではありません。その手法として多くの学校や教育行政が、先進事例や優良事例をコピーして短絡的にしのごうとしていることです。事の本質は、先進事例や優良事例が行っている事例そのものではなく、なぜそのような方法をとったかというところにこそ答えがあるのです。

　さて、20数年前に教育界にマネジメントが話題になると、同じようなことが起こったのではないでしょうか。本書ではこのマネジメントを分かりやすく、「民間型マネジメント」と「公務員型マネジメント」というように対比して意識するようにしています。この両者はいずれも大きな目的意識に裏付けられていることは間違いありません。違いは目的意識の出発点の「自己」の問題です。民間の目的意識の出発点の「自己」については改めて議論するする必要もないと思いますが、教育の公務の目的意識の出発点の「自己」はどこにあるのでしょうか。

　20数年前の教育界へのマネジメントの発想と同時に、この最重要な目的意識の出発点の「自己」に民間の「自己」が導入され、学校や教育行政こそが「自己」そのものであるような錯覚が起きました。「自己」の所在は別にして、組織は「目的を意識することが重要である」というメッセージだけが喧伝され過ぎてきました。そのために、学校や教育行政は、目的意識の出発点の「自己」を意識することなく、「校長は目標をしっかり立てなければ」となったのではないでしょうか。

　では、公務による目的意識の出発点の「自己」はどこにあるのでしょうか。当然我が国は民主主義の国であるので、目的意識の出発点の「自己」は国民であり、地域住民であることは間違いありません。このねじれの解消は教育界にとって重要なことです。本書の重要なメッセージです。図1-1はマネジメントの基本的な図ですが、本書はこの図の「民間型マネジメント」から「公務員型マネジメント」に移行しようというものです。今回の「地方教育行政の組織及び運営に関する法律」が60年ぶりに改正されたこととあわせて、

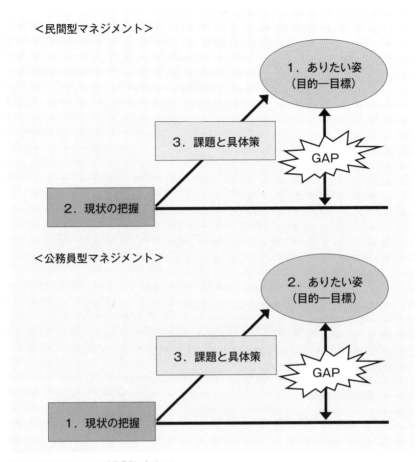

<民間型マネジメント>

1. ありたい姿
（目的―目標）

3. 課題と具体策

GAP

2. 現状の把握

<公務員型マネジメント>

2. ありたい姿
（目的―目標）

3. 課題と具体策

GAP

1. 現状の把握

図1-1 民間型マネジメントと公務員型マネジメント

少し解説してみます。

2.「地方教育行政の組織及び運営に関する法律」の影響

　2015（平成27）年に改正された「地方教育行政の組織及び運営に関する法律」（以下、「地教行法」という）を話題にする前に、教育委員会制度につ

いて話をすると、もちろん我が国における教育委員会制度は戦後のアメリカの占領政策によってもたらされた制度です。その意義は「政治的中立性の確保」、「継続性、安定性の確保」、「地域住民の意向の反映」にありました。その特性として「首長からの独立」、「合議制」、「住民による意思決定（レイマンコントロール）」があります。

　この意義を進めるために昭和20年代の一時期、教育委員の選挙が実施された時期もありましたが、このことは、「政治的中立性の確保」、「継続性、安定性の確保」、「地域住民の意向の反映」からも当然のことです。それぞれの教育委員が選挙を通じて、地域住民との公約等の約束を通じて教育を進めようとしたものでした。しかし、その選挙、地域住民との約束の反映の場として複数の教育委員からなる教育委員会が混乱したことも確かです。

　その後、いくたびかの改正を経ながら1956（昭和31）年の地教行法の改正となるわけですが、極端な言い方をすると、そこでは、地域住民と約束をしていない教育委員が、その地域の教育の方針を決定していかなければならなくなりました。以後60年余り教育委員会制度はどのように変化していったのでしょうか。地域住民と約束をしていない教育委員が拠り所としたのが、市町村教育委員会であれば都道府県教育委員会であり、都道府県教育委員会であれば文部科学省ということになります。

　しかし、市町村教育委員会、都道府県教育委員会、文部科学省の3者には明確な目的意識の出発点の「自己」があるはずです。文部科学省には国全体としての方向性、都道府県教育委員会には広域な教育行政としての方向性、市町村教育委員会には地域住民の意向の反映という「自己」があるはずです。この、市町村教育委員会が「自己」を見失ったことも今回（2015年）の制度改正の根源であることを忘れてはいけません。

　更に言うと、1956年改正によって、市町村教育委員会の特性としての「首長からの独立」、「合議制」、「住民による意思決定（レイマンコントロール）」も弱くなり教育委員会自らが「住民の意思決定」ができなくなり、いわゆる、教育委員会事務局に進めたい方向性を提案され、それをただ承認するという教育委員会不要論まで議論され始めました。そういう動きの中で今回の教育委員会制度改正論は始まったことも確かです。「地域住民の意向の反映」が

最重要事項でした。

　その議論が始まると同じ頃に、大津市の不幸ないじめによる自死事件が発生しました。この事件が国民に与えた衝撃は大きなものでした。あえて誤解を恐れずに言うと、本来ならば、学校生活に起因して大変不幸な事が起こったのであれば、国民の関心は、なぜいじめが起こるのか、なぜそのことが不幸な結果をもたらすのか、といういじめの本質に向かうはずです。もちろん、そのことも大きな話題となりましたが、冷静に考えるとこの事件が提起したのは教育行政における責任所在があいまいであるという問題でした。教育委員会の責任者であると思っていた教育長が実は責任者ではなく、責任者は教育委員会を代表する教育委員長であるということ。またその教育委員長を代表とする教育委員は常勤ではなく、月に数回の会議にしか参加しないということ、つまり、教育行政にはしっかりとした責任体制がなくあいまいであることを国民が知ったのです。更に、「地域住民の意向の反映」という「自己」が教育長を代表する教育委員会事務局にあったということです。

　教育委員会は確立した独立行政委員会ですので、必ず地域住民に対して責任を果たす、または責任を取る代表が必要です。そこで、非常勤の教育委員長を廃して、常勤である教育長に一本化しました。いわゆる新教育長です。その新教育長は、教育委員会制度の意義である、「政治的中立性の確保」、「継続性、安定性の確保」、「地域住民の意向の反映」、その特性としての「首長からの独立」、「合議制」、「住民による意思決定（レイマンコントロール）」等を担保するために、議会の承認を得ての首長による教育長任命・罷免が定められ、首長と教育長、教育委員から構成する総合教育会議が設置されることになりました。

　総合教育会議の協議のテーマは一部の内容を除いて、首長と教育委員が意見を交わす協議の場です。しかし、最も重要なことは、60年近い地教行法下において、一番弱くなっていた「地域住民の意向の反映」と「首長が教育長を任命」できるようになったということです。このことの影響について話題を進めていきます。

3. 目的を持つ存在としての自己

　兵庫教育大学では、国において教育委員会制度が話題になるのと同じ頃に、新しい教育委員会制度下における「教育長に必要な資質と能力の同定」、「その資質能力育成のためのプログラムの開発」、「そのプログラムの実施のシステム」について調査・研究に着手しました。その基本的な考えは図1-2のとおりです。

　その基本的な考え方とは、①リーダーは成果を出す存在であるということ、②成果を出すためには成果につながる行動を起こさなければならないということ、③成果につながり行動を起こすには、必要な知識と応用力が必要であるということ、④その必要な知識と応用力は学びと経験から得られるということです。

　この調査研究の進め方は、2012（平成24）年当時の全ての都道府県知事と1,700を超す市町村首長および教育長に対するアンケートと一部対象者へのヒアリングです。この全ての対象者に詳しい履歴を中心とする調査を実施しました。その中でリーダーの傾向が明らかになってきたのです。それを簡単に表したのが図1-3です。

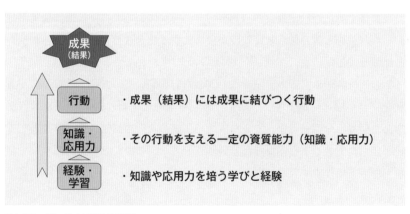

図1-2 トップリーダーが成果を出す構造

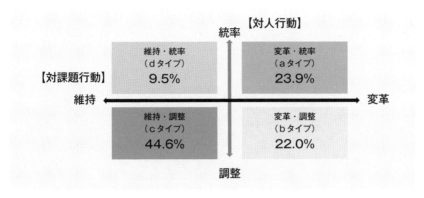

【対人行動】

統率

維持・統率 （dタイプ） **9.5%**	変革・統率 （aタイプ） **23.9%**
維持・調整 （cタイプ） **44.6%**	変革・調整 （bタイプ） **22.0%**

【対課題行動】

維持 ←――――――→ 変革

調整

図1-3 現トップリーダーのタイプ

　リーダーの起こす行動のうち、日々起こる問題や質問に対して、何をすべきかという判断と起こす行動、このことを本書では「対課題行動」と呼んでいます。また、リーダーは組織の長ですから、組織や人に対しても行動を起こしています。このことを本書では「対人行動」と呼んでいます。この調査結果から分かったことは、調査を行った2012年当時、教育長の半数近くが「対課題行動」において調整・維持タイプであったと言うことです。もちろん、調整・維持タイプが悪いということではありません。

　ここで話題にしたいのは、リーダーは自分のタイプを前面に出していいものかということです。前節でも話題にしましたが、教育行政の目的意識の出発点である「自己」は「地域住民の意向の反映」でなければなりません。そのために教育委員の選挙制度も経験してきました。ということは、教育委員会は選挙に代わる「地域住民の意向の反映」をどのようにして自身の行動の正統性につなげるかが重要です。

　自身の「自己」は選挙に代わる情報の把握の結果として見えてくる「地域住民の意向」です。それがどのようなものであるかは、それぞれの基礎自治体ごとに違うと思います。この調査は全国調査ですので、あえて言えば、現在の日本は「改革時」か「維持時」かということに過ぎませんが、まず、今の日本の教育界は「維持時」だと言う人は少ないでしょう。

　ここに面白い調査結果もあります。次ページの図1-4です。

　この図は2012年に行った調査の結果で、都道府県知事・市町村首長と都

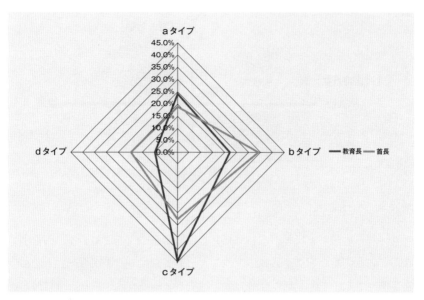

aタイプ

45.0%
40.0%
35.0%
30.0%
25.0%
20.0%
15.0%
10.0%
5.0%
0.0%

dタイプ   bタイプ　━教育長 ━首長

cタイプ

図1-4 教育長の行動タイプと市（区）町村長が求める教育長の行動タイプとの比較

道府県・市町村教育長とのタイプの分布の違いを比較した図です。知事市町村長は教育長と異なり、改革タイプが半数を超えます。それは当然のことでしょう。選挙において「私が当選したら何も変えません」の候補者は基本的にあり得ないことですから。

　問題は、この変革型の首長が教育長を任命するにあたり、「私は維持型ですので何も変えません」という人材を教育長として任命するかです。事実5年後に全く同じアンケートを実施したところ、教育長のタイプの変革型の分布が半数を超えていました。教育行政の新たなリーダーが変革型に移行しています。なおかつ、その「自己」は「地域住民の意向の反映」をします。学校のリーダーが従来のままでいいのでしょうか。

　本書の基になっている学校管理職向けの能力開発プログラムは、この「教育長に必要な資質と能力の同定」、「その資質能力育成のためのプログラムの開発」、さらにプログラムが実施されている「そのプログラムの実施のシステム」、つまり、新しく創られた教育長養成コースとも言われる兵庫教育大学大学院の「教育政策リーダーコース」の教育長向けの能力開発プログラム

を基礎に、文部科学省の補助金で校長用に創られたプログラムです。

　もちろん大学院のプログラムは、「成果を出す←成果に結びつく行動を起こす←行動を支える知識・応用力←学びと経験」のうち、行動を支える知識・応用力をプログラム（科目）としているものです。

　本書で紹介するこのプログラムの特徴は、その中でも「応用力」に特化したものです。従来私たちが慣れ親しんだ知識習得研修ではありません。そこをしっかり意識していただければ、これからの学校のリーダーとして成果を出していくために必要な行動を起こすには、知識と応用力の両方が必要であるということと、応用力とは何かを理解した時にその面白さやダイナミックな管理職の行動の在り方を楽しんで学校経営に臨むことができるようになります。　　　　　　　　　　　　　　　　　　　　　　　　　　（日渡　円）

| Column1 |

コロナ禍の学校経営 ～誰が決めるの？～

「修学旅行をやってもいいのか」、「キャンセル料金は市が払えないのか」、「他の学校はどうするのか」、「参観日は行ってよいのか」……。市内の校長会で聞こえる声である。

もちろん公立学校であるからには、設置者の判断に従わなければならない。私が勤務する市では、修学旅行の実施については、市教委が一律中止にはしていない。中止にするのが正しいとか、実施するのが正しいとかいう話ではなく、そもそも誰が決めることなのかを、校長自身が自覚しているのだろうかと感じることが、コロナ禍の学校現場でとても多いように思うのは私だけだろうか。

先の話では、自分たちの市や目的地に移動自粛や緊急事態宣言が出ていれば一律で設置者が決めることもあると思うが、そもそも教育課程の編成は校長の仕事の最も大切なことであり、校長は権限を有していることを自覚して学校経営を行っているのだろうかと疑問を持つことが多い。学校規模や実施時期や目的地がそれぞれ違うので、それぞれの校長が責任を持って判断すべきだと考える。もちろん、保護者への説明も校長自身が行うべきである。「校長、頑張ろう」と言いたくなる。

私たちは、学校経営を任されている責任がある。どうすればいいのかを悩むことばかりなのは当然である。「校長室がなぜあるのか」という質問を受けたことがある。「考え、悩み、判断し、決定するための部屋」である校長室で、独りで考えることは、大切な仕事であり、そのための部屋である。様々な場合を想定し、目的、効果、リスクを踏まえて判断し、決定する。まさに、孤独であるが同時に醍醐味でもある。

しかし、私は、そこまで孤独とは思わない。学校には教頭がいる、教務主任をはじめとした仲間がいる。近くには、同じ思いをしている校長がいる。市教委にも相談はできる。まずは、自分で悩み、自分の考えを持つこと。その上で、様々な意見を聞いてみること。そして、最後には責任を持って校長として決定することをしていきたい。

私たちは自立的学校経営に慣れていない。校長よ。「令和の日本型学校教育」を進めていく権限は我々にある。踏ん張っていこう。

(澄川忠男)

第 2 章

学校管理職の
マネジメント能力を
開発する

「令和の日本型学校教育」と
そのマネジメントが求められる背景

はじめに

　今日、経済社会の変化に伴い、求められる人材像や学力観がかつてとは変わりつつあります。あらかじめ決まっている「唯一解」への到達の迅速性や知識の獲得量を競う勉強から、協働的で探究的な学びへの変化です。また、そうした学力を保障するため、授業スタイルや教師像も従来とは変わり、そうした授業や教師を支える学校組織の在り方も変わりつつあります。

　こうした変化の媒介として決定的に重要なのは校長ら学校管理職です。変化の必要性を認識し、そうした学力観、授業像、学校組織へとリードできるかどうかは、校長をはじめとする学校管理職のリーダーシップの在り方にかかっているのです。2020年初頭に始まるコロナ禍は、こうした変化のスピードアップを迫っています。「令和の日本型学校教育」においては、従来とは異なる学校管理職の在り方が求められているのです。

　本章では、次章以下で学校管理職の具体的な職能開発を論じるにあたり、その前提あるいは背景として、現在どのような経済社会の変化があり、それに伴いどのように学校教育が変化しつつあるのか（第1節）、それによって、学校組織はどのように変化しているのか（第2節）、したがって学校管理職にどのような能力とその開発が求められているのか（第3節）を、概観してみたいと思います。

1. 経済社会の変化と、変わる学校教育

❶ 背景としての経済社会の変化

　図2-1に整理したように、現在の学力観や学校像は、かつてのそれとは、対照的と言っていいほど異なっています。そして、その変化の背景にあるのは、経済社会の在り方の変化です。

　冷戦体制が終わった頃から、先進国では経済社会が変化してきました。簡単に言うと、工業社会から知識基盤社会への移行です。かつての工業社会で

	かつて（〜1980年代）	現在（1990年代〜）
生徒像・学力観	「ジグソーパズル型学力」 「唯一解」 複製 均質性・協調性・競争 知識量・記憶力・処理力	「レゴ型学力」 「最適解」 創造 多様性・個性・協働 思考力・探究力・活用力
授業スタイル	一斉授業 プログラム型学習	主体的・対話的で深い学び プロジェクト型学習
経済社会の在り方	重厚長大なモノづくり 規格品の大「量」生産 ピラミッド型組織	多品種小生産 異なる「質」・アイデアの創造 フラットな組織

図2-1 かつてと現在との対照

求められる労働者像や学びと、現在の知識基盤社会で必要なそれとは明確に異なります。すなわち、前者は労働集約型経済であり、その効率性を高めるために同質性が求められたのに対して、後者では、他と異なるアイデア、質の創造が必要であって多様性が求められるのです。

　言うまでもなく、子どもが学校で学ぶ理由は、経済社会の「人材」「歯車」となるためではなく、子ども自身の学習権の充足であり、自身の幸せ（ウェルビーイング）をつかむことにあります。ただ、そうは言っても、経済社会の中でディーセントな「職」を獲得しないことには生きていくことができません。子どもたちにディーセントな「職」を獲得させるためには、経済社会の変化に対応した「学力」（コンピテンシー）をつけさせることも、大人の側の責任だと言えます。

　日本は、かつて、工業社会型経済において世界に例を見ない大成功を収めました。しかし、それはとうに過ぎた過去のことです。学校関係者も含めそうした過去の栄光・成功体験にしがみついて新しい経済の在り方や新しい学校教育の在り方に切り替えることができず、そのことが、経済的にも子どもの幸福度においても日本が停滞していることの原因だと言えるでしょう。

　学校教育の変化や新しい学校管理職の役割を理解するために必要なことで

すので、こうした経済社会の変化について、もう少し立ち入って検討してみましょう。

❷ 従来の工業社会型の学校教育

現在の学校管理職にある年齢層のほとんどが受けた従来の学校教育は、どのような要請から形成されたのでしょうか。学校教育の形式や内容は、社会的経済的な要請を受けつつ形成されます。

一定年齢まで就学が全国民に義務づけられ、基本的に同じカリキュラムを全員が履修するという現在に続く近代学校・近代公教育は、明治期に形作られました。近代学校は、どの国においても、近代国家づくりという任務を担っています。明治政府も、富国強兵、殖産興業を進め、列強に追いつき追い越すべく、近代国家の担い手である「国民」と、資本主義経済の担い手である「労働者」を必要としました。

また、価値観が転換されたとはいえ、戦後の民主的な国家づくりや経済復興を支えたのも学校教育でした。世界に類例のない高度経済成長を成功させたのは、国民に高水準で均質的な学力を遍く獲得させた学校教育でした。

こうした学校教育が、明治期以降の急速な近代国家形成、また戦後の高度経済成長を支えたと言っていいでしょう。学校教育は、かつての経済社会の在り方にフィットしていました。いや、むしろ、かつての経済社会にフィットするように作られたのです。

かつての経済社会は、追いつき型近代化の下での重厚長大なモノづくり、規格品の大量生産で成り立っていました。モノに満たされていなかったこともあり、より安価に、より早く、より大きなものを作ることで、たくさんの量を売ることができました。そこでは、一つの会社内部をみても、日本社会全体としてみても、少数の精神労働者と多数の肉体労働者という "ピラミッド型" で成り立っていました。したがって、「唯一解」が「上」から示され、指示されたことを守り正確に従う労働者が求められました。

そのため、学校でも決まっている「答え」に迅速・正確に到達する "ジグソーパズル型学力" の養成が行われました。チョークとトークによる「一斉授業」スタイルのプログラム型学習——答えもそこに至るルートも同じ学習

——で、教室では児童生徒が整然と前を向き、私語が禁止され、テストでは各個人は自分の力だけで問題を解くことが求められ、競争したのです。その学びの過程は一方的で、狭く、効率性・生産性を量的に評価する学びでした。また、生徒指導においても、均質性・集団性・協調性が重視され、「足並みをそろえ」られない場合、「出る杭は打たれ」ました。

　このような、学級にしても、担任にしても、成績評価にしても、時間管理にしても、学年制にしても、近代学校は、大工場における生産システムの流れ作業がモデルになっていました。

　しかし、2020年代の現在、こういう経済社会で動いているでしょうか。今や、隣の人と話さなければならない場面はあっても、隣の人と話してはいけない場面は、労働や生活の中にありません。毎時間の開始時と終了時に「起立、礼」が必要でしょうか。私たちの生きている社会は、掃除機を使わず掃除をする力を求めているでしょうか。**従来の経済社会の下で形成され、たとえそこでうまく機能した学校教育、学力観、学習スタイル、教師像も、今日の異なる経済社会では機能せず、むしろ逆機能すらするでしょう。したがって、今日の経済社会の下では、これらを転換する必要があるのです。** 学校管理職はその先頭に立つべきリーダーです。

　今日どういう経済社会にあるかについて、もう少し見てみましょう。

❸ 工業社会から知識基盤社会への移行

　高度経済成長期から成熟期への移行に伴い、1980年代以降の日本社会は、研究開発産業や知識産業、ファッション・デザイン産業など、価値創造的で高度な専門知識を必要とする知識集約型産業からなる経済社会へと変化してきました。モノ自体（例えば、自動車、家電）には満たされ、量ではなく質（例えば、機能、デザイン、情報）の追求に移行したのです。

　低成長の下では多品種小生産となり、商品には他とは異なるアイデアやサービスが重視され、したがって、情報を創造・加工・表現・カスタマイズ（個人化・差異化）する労働力が求められます。 そうしたアイデアや情報の創造のためには、専門分野、経験、性別、年齢、国籍などが多様な人からなる「チーム」で、多様な視点や気づきを提供しあいながら仕事を遂行する必

要があります。

　他方で、比較的単純で反復的な労働は、先進国の国内から減少していきます。そうした労働は賃金が安価であり指示に忠実に従う労働者からなる発展途上国内の労働や機械（ICT、AI）へと置き換えが進んでいくのです。また、福祉を始めとする対人的感情労働や飲食店など"おもてなし産業"においてさえ、外国人労働者や機械への置き換えが進みます。すでに飲食店ではロボットが食事を席まで運び、衣料品店やパン屋のレジでは自動会計が行われています。近い将来、数百の職業はなくなり、将来においても人間が担うのは創造性、協調性が必要な業務や、非定型な業務だと予測されています[1]。

❹ 知識基盤社会の学力観

　工業社会から知識基盤社会へのこうした経済社会の変化によって、学力観も転換します。よく使われる表現を使うと、**迅速・正確に目標を復元する「唯一解」を前提とする"ジグソーパズル型学力"から、あらかじめ決まった完成品はない未解決の問題に対して「最適解」を導き出す"レゴ型学力"への転換**です。

　そこでは、迅速で正確な暗記・吐き出しではなく、与えられた問題を解くのでもなく、「問い」自体を設定する力が必要です。そして、その立てた「問い」の「最適解」を出すためには、習熟や模倣ではなく、探究や創造が必要です。探究や創造は個人作業では困難です。それは、異質で多様な他者の力を借りることによって初めて可能になります。こうした学力観においては、能動性、創造性、交渉力などの非認知的な能力の意義が高まります。また、必要な知識やスキルが日進月歩で変わる経済社会では、知識の獲得よりも、知識獲得の方法や学び続ける力に焦点があてられます。よく言われるように、学力の3要素のうち、「知識・技能」よりも、「思考力・判断力・表現力等」や「主体的に学習に取り組む態度」の重要性が高まるのです。

　こうした学力観の変化に従って、授業のスタイルも変わります。すでに**学校での学びは個人作業ではなくグループ活動へ、個人間の競争ではなく協働**

1　例えば、野村総合研究所（2015）「日本の労働人口の49％が人工知能やロボット等で代替可能に」（News Release、2015年12月2日）。

的な学びに変わってきています。日本は別として、多くの先進国では、1990年代にこの移行を進めました。プログラム型の学習というよりも、学びには複数で多様な道筋があることを前提として、教科横断的で、主題を設定し探究し表現をする、プロジェクト型の学習に重点が移ります（例えば、総合学習、探究学習、社会的課題解決学習、卒業制作）。また、従来、「学力」の中心であった国語・数学・英語・理科・社会よりも、気づきに敏感になる能力を開発する音楽・美術・体育、あるいは特別活動や部活動のように多くの人とのコミュニケーションを通じて目標を達成する力を開発する時間の重要性が高まります。成績評価も、獲得した知識の総量の評価から、学びの質・価値や手続きの評価へと重点が移ります。生徒指導の在り方も、従来の「はみ出し者をゼロにする」それから、「多様性を害する者をゼロにする」それへと変わってきています。

　知識基盤社会では、このような好奇心、独創性、主体性、批判的思考、柔軟性、コミュニケーション力、ネットワーク形成力といった力——"ポスト近代型能力"——が重要になります。先進国からなる経済開発協力機構（OECD）が国際学力テスト（PISA）によって促進し誘導しているのも、そうした先進国の経済社会の担い手となる「学力」（コンピテンシー）ですし、学習指導要領で「主体的・対話的で深い学び」や「アクティブラーニング」が言われるのもこうした事情からです。

　2021年に出された、最新の中央教育審議会（中教審）答申である**『「令和の日本型学校教育」の構築を目指して～全ての子供たちの可能性を引き出す、個別最適な学びと、協働的な学びの実現～』**も、以上に見てきたような、**経済社会の変化と、それに伴う学校教育の変化を提言するもの**です。

　すなわち、答申は、一人ひとりの児童生徒があらゆる他者を価値のある存在として尊重し、多様な人々と協働しながら様々な社会的変化を乗り越え、持続可能な社会の創り手となることができるようにすることが必要だ、とします。その上で、2020年代を通じて実現すべき**「令和の日本型学校教育」の姿として、「個別最適な学び」と、「協働的な学び」を提言**しています。その詳細には立ち入りませんが、従来の日本の学校教育の考え方からすると大きく踏み込み、価値観を転換するものとなっていることに着目すべきでしょ

う。

　以上のように、工業社会から知識基盤社会への経済社会の変化に伴い、学力観、授業スタイルは変化してきました。子どもたちは、そうした経済社会の中で職を得て、また自己実現をしていきます。子どもたちのウェルビーイングを保障するためには、自分たちが受けてきた学校教育、成功体験に囚われるのではなく、新しい社会に必要な学校教育を探究していく必要があります。

2. 変わる学校組織

　では、具体的に、学校組織はどのように変わる必要があり、学校ではどのような取組が必要なのでしょうか。こうした経済社会の変化やそれに伴う学力観の転換はずっと以前から言われてきたことですし、日本の多くの学校はすでに、こうした経済社会の変化、学力観・学校像の変化を認識し、それに応答して学校組織の在り方を変化させてきました。それが、例えば、現在広がりつつある「チーム学校」であり、「コミュニティ・スクール」です。これらは、上に述べた言葉で言えば、知識基盤社会型の学校にフィットし、必要とされる取組です。つまり、勤務校でこれらの取組がうまく機能していないとすれば、それは、工業社会型の学校教育から抜け出ていないからだと言えるのかもしれません。少し見てみましょう。

❶「チーム学校」

　「チーム学校」は、教師のみならず、また、養護教諭、栄養教諭、司書教諭といった教職だけでもなく、多様な職種・専門スタッフ（スクールカウンセラー、スクールソーシャルワーカー、情報通信技術支援員、特別支援教育支援員、教員業務支援員、部活動指導員など）が学校に参画する体制を言います。上で述べたような学力観の転換に対応すべく、学校組織を、従来の教師中心で同質的な者によって構成される指示伝達型の「ピラミッド型組織」から、多職種からなり多様な視点を提供し合う組織へと変えようとするもの

です。

　この「チーム学校」政策の目的は、教師の多忙化解消・働き方改革ではありません。より積極的に、教育課程そのものの革新、従来の学校の在り方の革新にあります。というのも、「チーム学校」を提案した中教審答申「チームとしての学校の在り方と今後の改善方策について」（2015 年）は、「学校において子供が成長していく上で、教員に加えて、多様な価値観や経験を持った大人と接したり、議論したりすることで、より厚みのある経験を積むことができ、本当の意味での『生きる力』を定着させることにつながる。そのために、『チームとしての学校』が求められている」としています。学校を同質的な集団から、異質な者からなる組織に変えていこうとしているのです。

　例えば、不登校の子どもがいた場合に、学校復帰を求めがちな教師の価値観だけではなく、スクールカウンセラーやスクールソーシャルワーカーがいた方が、多様な価値観や経験が子どもたちに提供されるはずです。「我慢する」、「人に合わせる」といった価値観は、もはや学校だけでしか通用しない価値観の可能性があります。あるいは、部活動においても、教師のみならず経験のある部活動指導員がいた方が、その指導のどちらが良いか悪いかは一概には言えないとしても、多様な価値観が子どもたちに提供されるでしょう。

　また、子ども側からの視点とは別に、組織経営側からの視点としても、その地域、子ども、保護者のニーズに合った「最適解」（教育課程編成）を見つけ出すには、教師が圧倒的である同質的な集団よりも、多様なものの見方や気づき・情報を提供してくれる異質な者の集まりからなる「チーム学校」の方が、変化への迅速・適切な対応力（レジリエンス）を高めてくれます（「学習する組織」）。財務と法務を担う事務職員は、教師文化（例えば、カン・コツ・経験の支配、聖職者文化、カネからの逃走、儀式主義）や、学校の市民社会とのズレ（例えば、黒板への執着、冬に短パンで体育）を一歩引いたところから見ることができるかもしれません。そうした存在が、「最適解」の探究には不可欠な契機となるのです。

❷ コミュニティ・スクール

　こうした対内的な「チーム学校」は、「社会に開かれた教育課程」や対外

的な「コミュニティ・スクール」と同じ目的を目指して一体となっています。「社会に開かれた教育課程」とは、社会と連携・協働した教育活動の充実を学校に求めるものであり、教師・教職員だけではなく、保護者や地域住民とともに教育課程を編成し実施していこうとするものです。また、そのための仕掛けが、コミュニティ・スクール（学校運営協議会）です。

　そこでは保護者や地域住民が会議体の構成員となり、学校の基本的な方針の承認のほか学校運営全般について議論し、学校経営を校長だけではなく関係者の知恵と資源を生かして行います。コミュニティ・スクール、また地域学校協働本部を通じて、多様な価値・多様な他者を学校教育の中に取り入れてエネルギーにしていこうとしているのです。従来の教師中心で、「教える」ことを中心に行われてきた学校教育から、例えば、地元の企業、大学、NPO、住民らが教材や学ぶ場を提供したり授業を行ったりすることによって、学校の「当たり前」、「正解」、「価値観」が問い直されるでしょう。

　こうして、従来の工業社会にフィットした「唯一解」・ジグソーパズル型学力育成の学校から、知識基盤社会にフィットした「最適解」・レゴ型学力育成の学校へと、移行が進められています。

3. 変わる学校管理職像
——「管理」する職から「経営」する職へ

　"前振り"が長くなりましたが、このように、経済社会の変化に伴う学力観・学校像の変容、そして、学校組織の変容に伴い、校長ら学校管理職像もかつてとは大きく変わっています。それどころか、こうした学力観、学校組織への革新ができるかどうかは、学校管理職にかかっています。学校管理職が自らを変えていくことが社会的に強く求められているのです。現在は、学校管理職にとって実にやりがいのある時期だと言えるでしょう。

　先に触れた中教審答申「『令和の日本型学校教育』の構築を目指して」（2021年）は、「連携・分担による学校マネジメント」を実現するとして、概要を次のように言っています。すなわち、学校内外との関係で「連携と分担」に

よる学校マネジメントを実現すること。また、外部人材や専門スタッフ等、多様な人材が指導に携わることのできる学校を実現すること。そして、学校が家庭や地域社会と連携し、社会とつながる協働的な学びの実現です。では、どのような学校マネジメントないし学校経営が必要なのでしょうか。具体的なイメージに接近していきたいと思います。

❶ 「マネジャー」から「リーダー」へ

　従来の——もっと言えば工業社会の——日本の校長ら学校管理職は、「経営者」「リーダー」というよりも、「管理者」「マネジャー」でした。つまり、「上」で決まった「唯一解」を、正確・迅速に現場に伝達していくことが仕事であり、そうした能力が求められていました。したがって、そこでは、上意下達のピラミッド型組織がふさわしく、維持、統制、"ホウ・レン・ソウ"が重視され、上司が部下に「答え」を「教える」ことが、組織のパフォーマンスの最大化にとって合理的であったのです。

　それに対して、「唯一解」などなく、各企業（自治体も）それぞれが「最適解」を求め、これからの社会を担う子どもにもその力を開発する必要があり、したがって、各学校もそれぞれが「最適解」——異なる教育課程編成——を探究しなくてはならない今日では、校長の学校経営にとっての「唯一解」があるわけでも、それを誰かが教えてくれるわけでもありません。学校教育目標も含め、学校によって異なる条件（教職員という人的資源、地域資源、集めた情報、子どもたちの持っている興味関心、保護者の願い）から見出し、開発し、創造しなければなりません。子どもの中に実現しようとする学力観（"レゴ型学力"）と相似形の能力が校長の学校経営に求められるのです。そこでは、校長は組織内での「最適解」の探究プロセスにおいて、"統制"よりも"信頼"を基礎とし、職員に「問いかけ」、職員から「学ぶ」ことが大切になります。

　こうしたリーダーとしての校長の具体的なイメージをつかむためには、図2-2[2] に示した「リーダー」と「マネジャー」の概念上の区別をもっておくこ

---

2 Patrick Whitaker (1993) Managing Change in Schools, Open University Pressと、ウォーレン・ベニス (1992)『リーダーになる』新潮文庫を参照して、筆者作成。

マネジャー（管理者）	リーダー（経営者）
システムと組織構造に注目	人に注目
統制に依存する、ホウ・レン・ソウ	信頼を築く、コミュニケーション
計画・実行・予算等の管理	方向・ビジョンを示す
仕事を実行、模倣する	変化改善、創り出す
いつ、どのように	なぜ、なにを
部下に答え／教える	部下に問いかけ／学ぶ
現状の肯定／今を見る	現状にチャレンジする／未来を見る
力を行使する	エンパワーする

図2-2 「マネジャー」と「リーダー」との対照

　とが有益です。知識基盤社会では、「量」的に再生産する工業社会とは異なり、新たな「質」、新たな付加価値を生み出すことが求められます。その付加価値を生み出す創造性は、指示や強制ではなく、自発性・主体性によってこそ生み出されます。そこでは、**上司の大事な仕事は、職員の自発性・主体性を促し、広い裁量を与え、やる気を引き出し、あるいは心地よく働いてもらうことです。したがって、校長も、従来の「管理者」「マネジャー」から、「経営者」「リーダー」になる必要**があるのです。

　「リーダー」と「マネジャー」の区別に加えて、代表的なリーダーシップ論を知っておくことで自身の行動はより変わるかもしれません。例えば、組織の価値観・習慣・文化を変える「変革的リーダーシップ」、リーダーが後方支援に回る「エンパワーメントリーダーシップ」ないし「サーバントリーダーシップ」、リーダーシップを個人ではなく組織現象として理解する「分散型リーダーシップ」などは、管理職向けの平易なビジネス書にも載っています。この点、どのリーダーシップ論が正しいかという思考方法は、「唯一解」の思考回路です。ヒト、モノ、カネの条件が異なり常に「最適解」の探究であるという（学校）経営の性質上、リーダーシップは具体的な組織、資源の有る無し、資源分配の状況によって使い分けられる必要があるのです。

❷ リーダーとしての学校管理職に必要な力

　経営者・リーダーとしての校長ら学校管理職像をもう少し具体的に考えてみましょう。経営者・リーダーとしての校長は、授業を行う教諭とは職能が異なることを踏まえておくことは出発点になります。校長のほとんどが"偶然"、教諭から採用されているに過ぎないと考えた方がいいかもしれません。

　その上で、かつての工業社会とは異なり、今日の知識基盤社会においては、**教師に必要な力は、探究的学びを組織する力、子どもに「学びつづける力」、「学びが楽しいと思える力」、「人とつながれる力」、「最適解を生み出せる力」をつけてあげる力**です。このことが、**相似形で校長ら学校管理職の仕事や職能を規定**します。

　つまり、各学校をリードする校長ら学校管理職には、教師がそうした授業をデザインできるような組織開発、人材開発をする力が必要になります。それは、**学校の"実情"に合わせた「最適解」を生み出す力**であり、より具体的に言えば、従来のものに囚われたり模倣したりするのではなく新しいものを創造・開発する力、多様性を削ぐのではなく生かす力、同質性を突破する異質な他者を連れてくる力、「最適解」への選択肢を広げ経営の幅を広げるためのヒト・モノ・カネ・情報を引っ張ってくるネットワーク力、それら経営資源をビジョンに結びつける力、社会の変化や社会からの要請を感度のよいアンテナを張ってキャッチできる力などが不可欠でしょう。職員室のデザインにしても、校内研修の内容にしても、教員評価の観点にしても、こうした力の有無によって大きく変わるでしょう。

　また、例えば、先に見たように、不登校への対応をめぐって、「チーム学校」では、教師、スクールカウンセラー、スクールソーシャルワーカーの各人の間での職業倫理が衝突し葛藤する場面が想定されます。教師は、学校は「正しい」ことを「教える」場であり「学校復帰」、「適応指導」を職の使命・職業倫理だと考えるかもしれません。それに対して、スクールカウンセラーは「自分の気持ちが大事」と言うかもしれませんし、スクールソーシャルワーカーは「家庭的背景こそが問題だ」と思うかもしれません。そしてまた、子ども自身にとっての「個別最適」はそれらとは別に存在しているかもしれま

せん。

こうした場面において、経営者・リーダーとしての校長の役割は、職員の自発性を高め、多様な職種の異なる職業倫理・価値観をむしろ引き出し、それに基づくアイデアや気づきの提出を促し、困難で新しいことに挑戦する組織文化を醸成して組織としてのパフォーマンスを最大化させ、創造的に「最適解」を探究するサーバント（奉仕者）となることでしょう。

❸ 権限委譲の必要性

さらに、提言的に言えば、「唯一解」を伝達することから、各学校が「最適解」を出すことが求められるようになると、各学校、各現場が判断することになりますが、各学校が適切に判断し、より迅速に「最適解」を出すためには、各学校に権限が委譲される必要があります。具体的には、従前から学校に権限がある教育課程編成権（カリキュラム）はもちろんのこと、そのカリキュラムを実施するための人事権（ヒト）、予算（カネ）の委譲です。そして、その権限委譲によってこそ、各学校・学校管理職が「最適解」を探究する能力が開発されていくという相互的な関係性にも意識的であるべきでしょう。経営者・リーダーとしての校長は、委譲された権限を担える校長ということになります。もっとも、「委譲」されたものを担うだけであれば「マネジャー」です。例えば、カネについて言えば、寄付、クラウドファンディング、企業・団体からの出資や募集への応募など、自前で取りにいくことも選択肢に入っているべきでしょう。

さらに進んで、やや語弊のあることを承知で言えば、教育条件整備の様々な仕組みの多くは、従来の工業社会、「唯一解」の伝達からなる社会の下で組み立てられてきたものです。学校設置基準、教員定数、学習指導要領、検定教科書、標準授業時数などです。もちろんこれらの仕組みによって、格差が是正され、日本全国で遍く子どもの学習権が保障されています。しかし、「唯一解」から「最適解」の世界への移行に伴い、何を「格差」、「平等」と考えるかについてもマインドを転換する必要があります。学校教育は、そもそも国の事務ではなく自治事務であることの意味にも改めて気づかされます。

このように、「唯一解」型の従来の学校経営と、今日必要な「最適解」型

の自律的学校経営は対照的です。こうした学校経営イメージに突き動かされる気概のある皆さんは、「令和の日本型学校教育」の学校管理職に間違いなく向いていると言えるでしょう。

❹ 学校管理職の学びと研修スタイルを変えよう

　こうした職能を開発するべく、学校管理職が個人でできることは、結構あります。例えば、ビジネス書を含む読書をする、テレビとインターネットで情報を集める、教育職に対象が限定されない各種団体による管理職セミナーに参加する（オンラインセミナーや動画サブスクリプションもある）、学校管理職養成を行っている大学院に行く、学会に入る、兼職する、などです。

　他方で、教育委員会や校長会が主催する従来の学校管理職研修の内容を変えていくことも重要です。多くの校長研修は、いまだに工業社会型の研修になっており、知識基盤社会型の研修にはなっていません。つまり、「講話」として「識者」の講演や、教育政策等の知識伝達講習が中心です。確かに、知識の獲得は重要です。しかし、知識の獲得だけなら読書や動画の視聴に替えられるので、場所や時間に囚われた工業社会型のスタイルで学ぶ必要はないでしょう。つまり、研修についても、「唯一解」伝達型から、「最適解」探究型へと変える必要があります[3]。

　「最適解」探究型の学校管理職研修では、職能を均質化・平準化することではなく、創造性を開発することに研修のねらいを設定します。また、事前準備に重点を置く「知識の合理的適用」モデルではなく、事後の振り返りを中心とする「反省的実践家」モデルにするべきでしょう。

　前者は、どの学校にも当てはまる普遍的な正解があることを想定し、その知識を各学校に持って帰り当てはめることを想定している研修です。しかし、「最適解」の追求にあたって、そうした研修では、参加者にとっての学び、気づきがあまり多くありません。それに対して後者は、ワークショップ型あるいはケース演習型で自身の仕事の仕方を振り返り、省察し、専門家として

---

3 日本の校長は、年齢、ジェンダー、学歴、職能開発の仕組みなどの点で、国際比較上の見過ごしがたい"特徴"がある。これについては、葛西耕介「校長の養成および研修の今日的課題 —— 国際比較調査を踏まえて」『教育委員会月報』2021年8月号、で整理した。インターネット上から閲覧可能である。

の自身が豊かな経験によってすでに保有・活用している暗黙知（本書次章以下で繰り返し出てくる「応用力」）ないし自身の思考や仕事の仕方の特徴・クセを自覚し、内発的に自身の仕事の質を向上させていく研修です。これは自身と異なる他者との協働によってこそ成り立つ研修であり、学校種、背景、経験を異にする者が協働することでより気づきが多くなります。

こうした暗黙知の省察ないし開発は、その性質上、知識とは異なり、講師の教示によって獲得するものではありません。研修内での、そして研修に触発されて日々の職を遂行する過程での、内発的な"気づき"によって獲得していくものです。"注入"されたり"訓練"されたりして獲得するものではなく、"開発"されるものです。この点、職業能力開発は、英語ではトレーニング（training）ではなく、ディベロップメント（professional development）と表現されます。トレーニングというのは、トレイン（電車）がそうであるように、すでに決められているレールに乗せ、型にはめて進ませていくことです。しかし、単純で反復的な労働とは異なり、場面によって「最適解」が異なる高度な職業的判断を日常的に行っている専門職（校長や教師を当然含みます）の職能開発・現職教育には、そのような方法は適していません。本人がすでにもっている力（暗黙知）を自覚化し、また引き出すため、気づきを促し、発達（development）を促す方法が採られるべきなのです。

おわりに――教育委員会への期待

最後に、こうした学校管理職の職能開発（マネジメント能力ないしリーダーシップ能力開発）の点で、教育委員会の積極的役割は非常に重要であることを指摘しておきたいと思います。

教育委員会に期待したいのは、何よりも第1に、本書が述べてきたこうした経済社会や学校教育の変化を認識し、マインドをチェンジし、変化への対応を先導することです。そのためには教育委員会自身による「最適解」の探究が必要です。

第2に、こうした変化に対応して、各学校へ権限を委譲することです。今日、変化は速く激しく──例えば学習指導要領は完全実施される頃には古くなる──、地域・学校によって事情は多様です。このような場合、経営学上、一般的に言って、現場に判断を任せる方がパフォーマンスの総量は向上します。裁量が広いことによって現場の士気は高まりますし、情報をもち行動を起こす者が判断もする方が、結果が妥当なものになるのは自然だとも言えるでしょう。加えて、教育活動のように、自身の感情を総動員して全人格的に対応する対人的な労働は、現場の自発性・自主性がなければパフォーマンスは上がらないのです。そして、前述の通り、現場に判断を任せることで現場の判断力が向上するという関係性も認識する必要があります。

　第3に、学校管理職研修を充実させることです。年間2〜3日ほどにとどまっている学校管理職研修の時間と予算を少なくとも倍増する必要があります。管理職にはなぜか受講が免除されていた教員免許更新制とは異なり、2022年の法改正による研修履歴の記録の作成対象には、校長も含まれました。次章以下で取り上げる、全国で実施している体系的な学校管理職研修プログラムは、内容的に学校管理職のマネジメント・リーダーシップ能力開発に特化した研修です。これを採用することを検討するといいでしょう。

　自治事務としての教育事務に責任を負う**教育委員会による社会の変化への適切な対応こそが、将来の子どもたちにディーセントな職を保障し、また、人口減少・産業縮小から逃れた持続可能なまちづくりを可能にします。**「令和の日本型学校教育」ないし真に自律的な学校経営の推進にあたり、学校管理職の職能開発を本格的に重視してほしいと思います。

（葛西耕介）

トップリーダーこそ自分の心に「火」をつける言葉を持て

　子どもの頃からイソップ物語「北風と太陽」が好きでした。強さや勢いで物事の解決をめざす北風とあたたかさや安心によって解決に導く太陽。子どもの頃は、自分は太陽のように人と関わりたいと思っていました。しかし成長するにしたがって、時にはあえて北風のように行動することも必要だと感じるようになりました。「北風と太陽」は、私に人生の大切なことを教えてくれた物語です。

　1985年4月、公立中学校の教員として採用されて以来、数えきれないほどの人たちに支えられながら現在に至っています。これまで仕事でくじけそうになった時には、まわりの人の支えと自分で自分を励ますことで何とか乗り越えてきました。その時、自分を支えたのは自分の心に「火」をつける言葉の力でした。

- ・「量」が一定の水準を超えると「質」が劇的に変化する
- ・やめたい時には決してやめない
- ・「志」をもつとは、言葉をもつことである
- ・あなたがこの世界で見たいという変化にあなたがなりなさい
- ・大きな絵を描くことを忘れていないか
- ・水を飲む時は、井戸を掘った人のことを忘れない
- ・変えられるのは自分と未来だけ

人生を旅に例えるならば、北風のようにきびしい言葉も太陽のようにあたたかい言葉も、旅人にはどちらも必要です。

　今、学び続け成長し続ける教員が求められています。それはトップリーダーである校長も同じです。むしろトップリーダーであるからこそ、誰よりも学ばなければなりません。学びと成長にゴールはないのです。

　学び続け、成長し続けようとする意志を維持し続けることは難しいことです。時には投げ出したくなることもあります。そんな時こそ、自分で自分を励ます言葉が必要です。その言葉はきびしくても、はげしくても、あたたかくても、やさしくてもいい。自分の心に響く言葉であるならば。

　読者の皆さん、ぜひ自分の心に「火」をつける言葉を探してみてください。これからも学び続け成長し続けようとする旅人であるために。　　　　　　（池田　浩）

第 3 章

能力開発プログラムの全体像

学校管理職に求められる
6つのマネジメント・プロセス

1. 本書で伝えたいこと

❶ はじめに

　皆さんは、「学校マネジメント」と言われると、どのようなことを思い浮かべるでしょうか。ミッション、ビジョン、PDCAサイクル、SWOT分析など、一般的なマネジメントでよく使われる言葉について、どこかで学んだ経験のある方もいると思います。一方、まったく初めてという方もいると思います。本書でお伝えしたいのは、「令和の日本型学校教育」に適した自主的・自律的な学校経営を行うための管理職マネジメントです。

　私たちは全国各地での学校管理職研修を行ってきていますが、その際用いているプログラムをベースにして、そのプログラムを通じて開発したいマネジメント能力のエッセンスを伝えたいと本書は作られています。このプログラム、つまり本書では、これまでのマネジメント（対課題面の力）とは少し異なり、マネジメントを「情報収集」、「分析」、「構想」、「企画」、「実行」、「判断」という6つの言葉で表現しています。

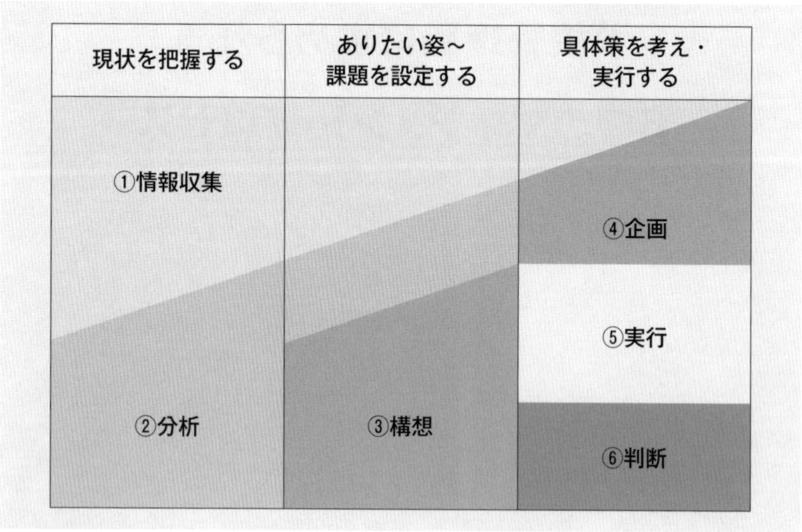

現状を把握する	ありたい姿〜課題を設定する	具体策を考え・実行する
①情報収集		④企画
		⑤実行
②分析	③構想	⑥判断

図3-1 学校管理職研修プログラムが定義する「マネジメント能力」を構成する要素

本書では、マネジメントを、「従来型」のマネジメント研修でよく取り扱われてきたいわゆる PDCA サイクルといった一方向のサイクルとしては捉えていません。図3-1で表されるように、「1. 現状の把握」、「2. ありたい姿～課題を設定する」、「3. 具体策を考え・実行する」という一連の流れの中で、「情報収集」、「分析」、「構想」、「企画」、「実行」、「判断」という階層（レイヤー）で捉えています。比較的、最近使われるようになった OODA ループ[1] に近い考え方とも言えるでしょう。「情報収集」、「分析」、「構想」、「企画」、「実行」、「判断」は、それぞれ聞き慣れた言葉ですが、本書でいうこれらの言葉は、一般的に想起されるものではありません。それぞれどういうことを指しているのか、その詳細はこの後の各章を読んでいただければ分かりますが、簡単に概要を説明します。

① 情報収集（第4章）

　ここでは、一般的な「情報収集」という言葉から想起される手法を伝えるのではありません。校長として「現状の把握」をするために、「情報」にどのように向き合っているのか、「現状の把握」に対する自身の「クセ」や「偏り」を自覚することで、真に自主的・自律的な学校経営の力を身につけていくことの必要性について述べていきます。

② 分析（第5章）

　ここでは、日々起きている様々な事案に対して「現状の把握」をし、適切な行動を起こすために校長と職員が事案の原因や要因を思考するプロセスを「分析」としています。そして、学校経営の成果につながる「分析」にするために、職員と共にどのように考えていけばよいのかについて述べていきます。

③ 構想（第6章）

　「構想」は、一般には「目的や目標」の設定のことを指していますが、ここでは、根拠や分析に基づいた明確な学校運営の方向性としての「目的や目標」の設定を意味しています。そして、校長として、「目的や目標」の設定

---

1 「観察（Observe）」、「状況判断（Orient）」、「意思決定（Decide）」、「実行（Act）」の頭文字をとったもの。変化の激しい時代における、その時々の状況に応じて素早く判断をし、意思決定していくという考え方。

をどのように捉え、どのような考えで「目的や目標」の設定をするかについて述べています。

④ 企画（第7章）

　ここでは、「目的や目標」が明確になった組織において、どのようにすればより効率的に、そして効果的なものにして具体的な教育課程にまで落とし込んでいけるのかという一連の流れを「企画」としています。企画案を立案するのではなく、「具体的な実行計画として教育課程に落とし込んでいくための活動」に対して、職員が主体的に動ける組織をつくり、さらに組織が活性化されるようにすることについて述べています。

⑤ 実行（第8章）

　ここでは、「令和の日本型学校教育」における「変革」にかかわり、管理職が周囲を巻き込みながら効果的に取組を進める（教育課程を実施していく）ことを「実行」としています。そして、その取組（変革や新しいこと）を具体的に「実行」する際、管理職は、どのように組織や個人に関与すればよいのかについて述べています。

⑥ 判断（第9章）

　ここでは、「判断」と言っても、日々校長が行っている判断が、「正しい判断」であるとか「間違った判断」であるとかを述べてはいません。「判断する人」である校長は、自分の中にある判断軸や価値観を基にして判断していることに気づき、自身が持っている判断軸や価値観を考察してみたいと思います。その中で、判断をするために必要な視点や考え方を述べています。

　本書は、この一連の流れのなかで、あなたに「自分の内なるものに向き合う」ことを促すことを意図しています。つまり、校長としてのあなたが、どのような経験をし、どのような価値観を持っているのか、それはどこから生まれた価値観であるのかということを知り、自分の考え方の「クセ」や「偏り」を自覚することからこのマネジメントが始まります。このことが「情報収集」から最後の「判断」までを通底する考え方です。

　これまでのマネジメントにおける考え方とどう異なるのかは、本書を読み進めていただくことで分かっていただけると思いますが、決して**あなたが進**

めてきたこれまでのマネジメントを否定するものではありません。そこに少し新しい発想を入れるという、このような考え方もあるのだなというつもりで読み進めていただくとよいかもしれません。

❷ 自分を自覚するということ

　そもそも、「自分の内なるものに向き合う」こと、つまり自分と他人は何が違うのかを自覚することが、なぜ大切なのでしょうか。

　一番の理由として、あなたが管理職であるということがあります。人はどのような職種であっても、職位が上がるに従って、他の人から率直な意見を受け取ることは少なくなります。同時に、担任であれば学級の児童生徒に始まり、学年主任であれば学年全体、主幹教諭であれば学校全体というように、職位とともに見るべき情報の範囲が必然的に広がっていくはずであり、そのことは自身で意識せざるを得ません。その時に、自分の思考の範囲や偏りを自覚し、自分自身にはない部分を広げたり、苦手な部分を他者から補完したりすることができれば、その判断に適切な根拠をもてるようになります。そのことが、組織として、また管理職やリーダーとしてより客観的・適切な判断ができるようになると私たちは考えています。

　そもそも人には限界があり、完璧な人にはなれません。また、管理職やリーダーはきれい事を言っても仕方がない面があります。同時に、職位が高い人ほど、自分が思っていることを実行できると考えがちではないでしょうか。極端な言い方をすれば、自分の思い通りに組織を動かすことがリーダーであり、リーダーの仕事だとも言えるかもしれません。

　しかし、このリーダーの「考えや価値観」により、いわば独善的に行われる組織経営が誰もが納得できるものではなかった場合、その組織はどこに行きつくのかを考えてみることも必要なのではないでしょうか。

　特に公立学校の場合、そこで行われているのは「公教育」であるということを考えれば、自分と他人は何が違うのかを自覚することの必要性は明らかでしょう。

❸ 思考特徴はどこから生まれるのか

では、自分の「考えや価値観」つまり「思考特徴」とはどういうことでしょうか。また、なぜそれが生まれるのでしょうか。

自分の学校の職員を思い出してみてください。一人ひとりの考え方にはクセがあり、それぞれに強み、弱みを持っています。得意とすることも異なります。例えば、生徒指導に造詣が深い教員がいたとします。その人は、いろいろな場面で、生徒指導の観点から物事を見て、語る傾向にあります。つまり、その人はその人個人の経験や成功体験などに左右されてしまっているのです。そのこと自体は、何も問題ではありません。その職員の強みでもあります。自分がその点について興味・関心が強いこと、自身がそこに思考を寄せる傾向にあることを自覚し、意識さえすればよいのです。しかし、その点に無自覚であれば、それは弱みになってしまう危険性が高いでしょう。偏った観点、物事の一側面からしか物事を捉えることができていないということなのです。

この例からも分かるように、その人固有の「思考特徴」は、自身が経てきた「経験」や「知識」による影響を受けているということなのです。

例えば、その職員にその分野での成功体験があり、それが評価されることで、自分はここが強みだと思ってしまうということは、往々にしてありがちなことです。その結果、よりそこにこだわるようになり、それゆえにものの見方が狭くなり、思考としてもそれが「クセ」や「偏り」になります。そして、これが自覚できない場合には、幅広く、俯瞰的に物事を見なければならない管理職やリーダーになっても、なかなかそこから抜け出せないということになります。

2. 研修プログラムについて

❶ プログラムについて

ここまでで説明してきたものは、「情報収集」から「判断」までの6つの

研修プログラムに構成され、マネジメント研修として全国各地で実施されてきています[2]。この項では、研修のねらいや全体像を述べていきたいと思います。

本研修プログラムは、いわゆる知識や手法を伝達する「伝達型」の研修ではありません。議論中心の「参加型」セミナーであり、唯一解がどこかにあるというものでもありません。**演習を通じて積極的に発言することを大切にし、他の受講者が「自分と何が違うのか」を重視すること、自分の「思考特徴」を意識して自覚内省することを求めています。**この「思考特徴」は、本書の研修プログラムの中では、分かりやすく「クセ」や「偏り」、「価値観」などと表現することがあります。

「思考特徴をつかむこと」、これがどういう意図なのかは、前項で説明しました。このことは、なぜ「情報収集」が研修プログラムの1番目に位置づけられているのかということとも大きく関わっています。

繰り返しになりますが、それぞれプログラムの名称として、「情報収集」、「分析」、「構想」、「企画」、「実行」、「判断」という名称をつけています。ですが、どのプログラムにおいても、それぞれの知識や手法を身につけることが目的ではありません。

これまでの研修から、マネジメント研修と聞くと、個別具体的な知識や手法を身につけることが大きな目的であるように考えてしまうかもしれません。「従来型」のマネジメント研修はそういった研修が大部分であったからであり、私たちもそういった研修を受けてきました。研修とは、「答え」があり、もっと言えばそれが与えられるものだという考えです。だからこそ、私たち自身がこのプログラム開発に関わったことで、自分たちのこれまでの価値観を大きく変えることになったわけです。

こうした研修の意図から、本研修プログラムは、特定の知識や手法を伝達するというよりも、ケース演習を通じて、自分自身と向き合い、自分を知り、自分の考え方の偏りに気づく、自覚をしていく研修プログラムになっています。当然、普遍的で抽象的な知識や手法を講師が伝達するものではありませ

---

2 本書末尾の資料（P189）を参照。

ん。

　ケースを用いた演習により、受講者同士が互いの考え方・経験から学び、気づきを得、自分自身の「思考特徴」をつかむことができます。このことが、6つの研修プログラムを通じた、繰り返されるテーマ・ねらいとなります。

　そのため、この研修プログラムは、自分が「正しい」、「間違っている」を気にする必要はありません。誰かがが正解で自分が誤りだとか、自分の考えが常に正しいと固執するのでもありません。また、グループワークを通して、よりよいものを協働して創るという研修でもありません。**最初から最後まで、あくまで、「自分と何が違うのか」を考える**研修となっています。多様な考えに触れることをまず重視し、そこから自分を知ることがねらいです。

❷ 受講者の戸惑い

　この研修プログラムを実施していると、受講者からは、こうした研修プログラムへの戸惑いがしばしば表明されます。これは、前述のように従来の研修とは、その目的が大きく異なる研修プログラムだからでしょう。正解が得られない研修に慣れていないことから感じる戸惑いなのです。

　近年、ワークショップなどを取り入れた参加型の研修も増えています。しかし、その多くは参加者が協議しながら「唯一解」を探し、最後に講師が評価・解説するというものが大半です。また、現在全国で実施されているマネジメント研修も同様です。本研修と同じくグループ形式や演習形式で行われているものであっても、例えば「○○中学校再生計画」を作るといったような、成果物を作るというねらいをもったものが多いのではないでしょうか。このような研修では、一つの完成された学校像を作ろうとしたり、グループ内の構成員の見解を一つにまとめようとしたりすることになります。その場合、受講者は「正解」を求める思考回路になり、講師の「正解」を待つという思考回路になります。こうしたことから、講師から明確な「正解」が示されないと不安・不満をも感じるようになります。

　つまり、同じように見える研修であっても、そうした研修は、参加者やグループの構成員がそれぞれ相互に異なることを自覚するという本研修プログラムとは似て非なるものなのです。

繰り返しますが、**本研修プログラムの目的は、考えたマネジメントのプロセスに何が起きているかに着目します。**つまり、研修においては、「何をするか」や「どうするのか」ではなく、**なぜその"答え"が出てきたのか、なぜあなたはその"答え"を出したのかを主体的な学習者として、自分自身と向き合い、深く考える必要があります。**そのことによって初めて、それぞれの学校で「応用」可能なマネジメントの考え方のヒントを学校へもって帰ることができるのです。ある特定の条件がそろっている場合にしか成り立たない抽象的な「正解」を研修プログラムの受講後に学校へもって帰るのではありません。

本研修は、その目的に沿った効果を生むためにも、このように従来の研修とは異なるものなのだということを受講者に分かってもらうこと、もちろん読者である皆さんに理解してもらうことが必要です。このことによって学習者のエージェンシー[3]も引き出されると考えています。

❸ 正解を求める自分を自覚する

ところで、教師には、そもそも学校や教育には何かしらの「正解」があり、その「正解」に導くのが自分の仕事だという感覚が根強くあります。これは教師の特性と言えるものかもしれません。同時に、そういうことをしたい人が教師になっているという側面も否定できないと思います。

また、これまで日本では、校長職と職員・教師とは職として明確に区分されず、そのような「良き教師」を疑うことなく歩んできた教員が管理職に就きます。この場合、そうした管理職にとって、「正解」を理解し、「足並みをそろえる」ことが大事といった従来のマインドセット[4]を切り替えるというのはとても難しいことでしょう。

そのほかにも、「正解」を求める風潮を促進させているのが、教育書籍や指導行政などで多用されている「先進事例」、「先行事例」、「好事例」などの

---

3 OECD (2018) のEducation 2030 プロジェクトによると「エージェンシーは、社会参画を通じて人々や物事、環境がより良いものとなるように影響を与えるという責任感を持っていることを含意する」とある。
4 固定された考え方や物事の見方を指す言葉。マインドセットは先天的な性質や経験、教育、育った時代背景によって形成されるもので、個人の信念や価値観も含まれる。

言葉ではないでしょうか。こうした事例は、すぐに役立つ学校経営の正解の
ごとく取り扱われ、多くの学校で導入されています。前述したように、何を
するのか、どうしたらよいのかと考え、他を参考にするのは大切であり、目
の前の困り感に対して対策を求めようとする気持ちも理解できます。しかし、
「先進事例」や「好事例」ではなく、あくまで「これまでの自分にない視点
や気づき」という捉え方が必要なのです。

　この、学校にありがちな「教師が正解に導く」という**「教育者主体」の教**
育のなかで学んできた私たちであるということを自覚する、このことも自分
を知るために必要なことかもしれません。

　同調性を求めがちな日本の学校文化になじんできた私たちには慣れていな
い感覚ですが、他人と違うことは悪いことではないはずです。それは、教室
で学ぶ子どもたちにとってもそうですし、管理職にとってもそうです。これ
までの学校は正解を教わるところであり、発言するときも他者と答え・考え
が違うことを恐れ、黙ってしまったりすることもありました。

　唯一の「正解」があり、それを身につけることが正しいという感覚が学校
教育を通じて常識として刷り込まれて大人になっていると言えるかもしれま
せん。そして、学校で働く私たち自身には、なお一層そのような感覚が、自
分自身で再生産されているということはないでしょうか。

3. これからの学校の在り方

　本書で伝えたいのは、「令和の日本型学校教育」にふさわしい自主的な学校、
自律的な学校経営なのです。

　そこでは、誰かが示してくれる特定の正解を身につけるのではなく、**自分**
たちでどの学校にも普遍的な「唯一解」ではない、その学校によって異なる
「最適解」を探求する力が求められます。そのためには、学校の方向性を左
右するリーダーとして、校長として行うマネジメントについて、自分の特徴
を自覚しておく必要があります。繰り返しになりますが、他人と違うことは
悪いことではありません。ただし、他人とどう自分は違うのか、自分の考え

方にはどのような「クセ」や「偏り」があるのか、自分の「思考的特徴」はどのあたりにあるのかをなるべく正確に自覚しておくことは重要であり、必要不可欠であるのです。そして、それが自身の行う学校経営にも現れていることを自覚しておくことです。

中央教育審議会答申「『令和の日本型学校教育』の構築を目指して」（2021年1月26日）を参照するまでもなく、これからの学校教育は、特定の知識を正確に、早く、大量に身につけるといったことから脱却する必要があります。このことを管理職やリーダー自らが先頭に立ち、自らの思考を少し違った視点で見てみること、そこからの気づきを新たに加えて、固定概念に囚われた見方や思考を変えていく必要があります。

中教審は、子どもたちがこれから生きていく社会では、どの場面にも適用できる普遍的な答えを暗記して吐き出すことではもはやたちゆかないと言っているわけです。それはもちろん、学校の仕事でも同じことなのです。どの学校にでも通じる普遍的な唯一解はありません。その学校ごとの**「最適解」を管理職やリーダーがエージェンシーを発揮しながら導き出そうとする、いわば「学習者主体」で自らの行動変容のための「応用力」を身につけてほしい**と考えています。

また、OECD Education 2030 プロジェクトには、「コンピテンシーを身に付けていく能力は、それ自体が見通し、行動、振り返り（Anticipation, Action, Reflection ＝ AAR）の連続した過程を通じて学習されるべきものである。振り返りの実践とは、決断したり、選択したり、行動する際に、これまで分かっていたことや想定したことから一歩引いて、状況を他の異なる視点から見直すことによって、客観的なスタンスをとることができる力である。見通しとは、分析的思考力や批判的思考力といった認知スキルを活用して、将来何が必要になるか、あるいは、現時点でとった行動が将来にどのような影響を及ぼすかといったことを予測することである。見通しも振り返りも、いずれも責任ある行動の前提となるものである」とあります[5]。

---

5 https://www.oecd.org/education/2030-project/about/documents/OECD-Education-2030-Position-Paper_Japanese.pdf (2023.01.15最終アクセス)

本研修プログラムは、リーダー向けのプログラムであるため、自分自身の「思考特徴」を意識することはもとより、地域や学校、職員などを俯瞰する、つまり少し高い位置から眺める能力の開発を意図しています。つまり、自分の所属している組織や所管している組織全体、また一人ひとりの職員の背景なども、一歩引いて、俯瞰ができる能力です。リーダーは、いま、目の前で起きている事案をただの羅列として捉えるのではなく、高いところから俯瞰して、またそれぞれの物事の階層（レイヤー）の違いや塊（カテゴリー）を感じながら物事を見ることができる必要があるのです。

　さらに、本研修プログラムは、このような俯瞰する力、視点の広がり等といった空間軸に加え、時間軸に対しても視点を広げてもらうことを意図しています。今、目の前の子どもたちに起きていることが、5年後、10年後、30年後にどうつながっていくのか、未来は予測困難な時代と言われますが、子どもたちが生きていく未来の社会から逆算して考えたときに、今はこういうことを私は大切にするべきでないか、こういうことを私は子どもたちに考えさせるべきでないか、ということを考えるようになります。つまり、**俯瞰する対象は、「空間」であり「時間」であり、さらに自分自身の「在り方」である**のかもしれません。

　学校現場における課題が、多様化・複雑化し、どうしても目の前の課題を解決することに全力を傾けなければならない状況が多い現状であるからこそ、せめて管理職やリーダーは、**意図的・自覚的に視点の高さや深さを大きくする「姿勢」をもつことが必要である**と考えます。そのことで初めて、変化の激しい令和の時代の真に自主的・自律的な学校経営ができるようになると考えます。どのような場面でも共通しているものの見方や考え方という「姿勢」の在り方や大切さを、本書を通して感じてもらえればと思います。

　本書や本研修プログラムを通して、皆さんと新しい学校づくりができることを楽しみにしています。

（藤田　亮）

マネジメントプログラムの研修会を開催して

　平成 20 年代、函館市は、学校経営をテーマにしてオープンに交流する風土が薄かったと振り返る。2005（平成 17）年以降の国ぐるみの学校組織マネジメント研修の内容も十分根づいていない。したがって、学校経営の実際は自分の経験に基づいた方策が中心にならざるを得ない。自分の感性にマッチする先輩校長をモデルに模倣し、現状を十分に整理しないまま自分なりの「教育観」を経営に持ち込むことがあったのではないか。そこに構造的な学校経営は生まれないし、応用力にあふれた学校経営を展開することは難しい。

　函館市教育委員会主催による本プログラムの実施は、2015（平成 27）年度から 2019（令和元）年度まで 5 年間行った。2 日間連続の長時間にわたる研修スタイルは馴染みがなかったが、グループワーク形式による架空の学校を想定した検討や追究は新鮮であり、参加者は熱心に取り組んだ。知らないうちに自分自身の「ものの見方・考え方」や「価値観」が表れ、他の人のそれも表れる。それらを言語化する作業で否応なく自分を客観視させられる。「意思」が揺さぶられる。「迷い」や「気づき」が生まれる。プログラムが進む中、学校経営の応用力の何たるかが浮かんでは消え、消えては浮かぶ。こうした様は今までの研修では味わうことがなかった。

　マネジメントやリーダーシップのエッセンスが身につくと同時に、今までの自分がいかに目の前の課題に対して、すぐに処方的な解決策だけを欲していたかが浮き彫りになる。

　本プログラムが、その後の学校経営に活きるには反すうが必要であるが、受講者がそうしたいと思えるきっかけが本プログラムには内包されている。幸い、研修を経て、実のある学校経営につながっている校長に出会ってきた。その学校の職員は生き生きとしている。学校が目指す姿が共有され、コミュニケーションによどみがない。一体感を感じる。「子どもの姿が変わってきたのが嬉しい」とその学校の教師は言う。

　教育の新時代はすでに到来している。学校の姿の答えを欲してもなかなか見つからない。学校管理職は何をすれば良いのか、そこに応えるためにこのプログラムがある。

（北海道茅部郡森町教育委員会教育長（元函館市教育委員会指導監）　毛利繁和）

第 4 章

マネジメント・プロセス1
「情報収集」

──── 本書における「情報収集」とは ────

　教室では教師が、子どもたちと様々な「情報」をやり取りしています。また校長は、地域や保護者から、そして教職員から持ち込まれる「情報」に対して、日々様々な判断をしながら自主的・自律的な学校経営を行っています。つまり、校長は組織のトップとして判断する人なのです。「情報」の海に溺れず、呑まれることなく自主的・自律的な判断ができることが必要です。

　後でも述べますが、本章は、「情報収集」の手法を学ぶものではありません。読者自身が、管理職として「現状の把握」をするために、「情報」にどのように向き合っているのか、「現状の把握」に対する自身の「クセ」や「偏り」を自覚することで、真に自主的・自律的な学校経営の力を身につけていくことの必要性について述べていきます。

1. 民間のマネジメントと
公務員型のマネジメントの違い

本書の考える令和の時代の学校マネジメントにおいては、課題を目の前にしたとき、「現状をどのように捉え」、「どういった課題を設定し」、「どのような方策を遂行するか」の３つの層に、そして順序性を考えて整理しています。「対課題面の力（マネジメント）」としてまとめられる管理職の力を、表面的にではなく重層的に捉えてみましょう、というのがこの令和の時代の学校マネジメントです。この３つの力は、P55の図4-2のように「１．現状の把握」、「２．ありたい姿」、「３．課題と具体策」という言葉でも置き換えて表現していますが、「対課題面の力（マネジメント）」をこの３つに分類し重層的に捉えていくことが必要です。この３つがなければ、またこの３つが相互に連関して意識されていなければ、管理職やリーダーの仕事にはなりません。

また、令和の時代の学校マネジメントは公立学校の管理職に向けたものですが、まずは公務員とはどういうものなのかを考えてみてください。そもそも公務員とはいったい何なのでしょうか。

公務員としての仕事は、自分のわがままを通すとか、自分の思いを実現することではありません。公共サービスでは「民意（国民や市民の意思）」が

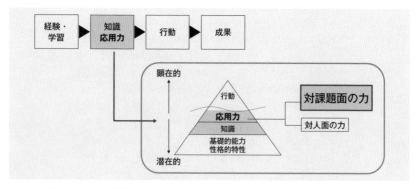

図4-1 本書で焦点としている「対課題面の力」

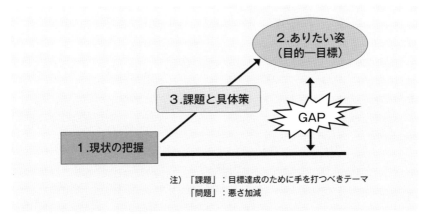

注）「課題」：目標達成のために手を打つべきテーマ
　　「問題」：悪さ加減

図4-2 公務員型マネジメントの課題解決のステップ

実現されなければならないものであり、それは学校教育についても何ら変わりはありません。したがって、住民の願いは何なのかを知ることなく、学校経営はできないはずです。

　この点についてもう少し踏み込めば、**本書で扱う公務員型マネジメントは、民間型のマネジメントと同じではない**という立場をとっています。第1部でも述べましたが、学校でのマネジメント研修が導入される際、当初はモデルがなかったこともあり、民間型のマネジメント研修をモデルとして導入されました。そこでは、「2.ありたい姿」が「1.現状の把握」よりも優先され、その学校の課題や保護者や地域のニーズといったことよりも、ともかく校長が学校のビジョンを立てることが求められ優先されました。こういう社会をつくりたいとか、こういうビジョンを実現したいというのは、民間企業であればそれを押し出していくことが必要でしょう。しかし、**公立の学校の場合は、**そのことが第一ではなく、**まず「現状がどうなのか」、「地域は何を願っているのか」という「現状の把握」が1丁目1番地として大切であり、それをまず考える必要がある**と思います。

2. 「答え」が「異なる」ということ

　ここまで読み進めていく中で、もしかしたら、読者の中には「『現状の把握』なんてもうやっているよ、そんなことは当たり前じゃないか」と思われている方もいらっしゃるかもしれません。繰り返しますが、この章では管理職として「情報」にどのように向き合っているのか、「情報」に対する自身の「クセ」や「偏り」を自覚することが目標です。そして、それが自身の行う学校経営にも現れていることを自覚しておくことです。

　ここで、読者であるあなたが新たに学校に校長として赴任した場面を考えてみましょう。自分なら、校長として赴任した学校で一体何に取り組むでしょうか。

　例えば、短期的・中期的・長期的に取り組むこと、教職員に対するヒアリング、PTA 役員との懇談、地域行事への参加など、そこでは、何らかの自分なりの「答え」として、「取り組むこと」が出てくることでしょう。その「取り組むこと」は、同じ学校に同じ校長という立場で赴任するどこかのAさんもBさんもCさんも、そしてあなたも、同じ学校なのだから、同じことに取り組もうと思うでしょうか。

　そんなことはあり得ません。自分が校長として今後何に取り組むかは、読者である皆さんそれぞれで異なるのではないでしょうか。

　では、「同じ」学校に赴任した校長が違えば、校長によって取り組むことが違うのはどうしてだと思われますか。

　例えば、校長会などの集まりで校長同士が話しているとき、別の〇〇学校でそこの校長が今、取り組んでいることに対して、「自分ならこう取り組むのに」と思ったことはないでしょうか。果たして、自分の考えが正しいのでしょうか。それとも、相手の考えが正しいのでしょうか。

　もしかしたら、どこかに「正解」がある、唯一解があると思っていませんか。もう一度よく考えてみてください。同じ〇〇学校のはずですが、どうして校長によって取組が異なるのでしょうか。この「情報収集」では、まず、その人によって「取組が違う」ということに着目してほしいのです。

なぜ違うのか。それは、「経験や知識が異なる」から、校長によって取組が異なるのです。

　つまり、校長としての**自身の取組（打ち手）は、自身の「経験や知識」に左右されている**ことをまずはここで自覚する必要があります。また同時に、特定の「正解」に向かって、前述した３つの「１．現状の把握」、「２．ありたい姿」、「３．課題と具体策」を知識や手法のように身につけていくことが「対課題面の力（マネジメント）」ではありません。ここでの、「経験や知識」に縛られているという皆さんの気づきが、今後の自身のマネジメントへの大きな気づきへとつながっていきます。このことに皆さんが自ら気づかなければ、真に自主的・自律的な学校経営の力を身につけていくことはできません。

　また、P54 図 4-1 で示したピラミッド型で表される知識や応用力の図には、いくつかの示唆が込められています。本書では、「基礎的能力」や「性格的特性」は、どのような研修を受けてもあまり変わらないと考えています。そのため、本人の「性格的特性」までを変えようということはもちろん意図していません。むしろ自身の「性格的特性」を自覚して、それの生かし方を自覚することがとても大事だと考えています。そして、そうすることによって、その人の「応用力」も適切に開発し、適切に伸ばすことができるのです。

3．経験や知識の落とし穴

　さて、**私たちは、ある業務上の問題を認識した場合、またその解決策を導き出す際についても、自身の経験に左右されて、すぐに「答え」を導き出しがち**です。例えば、勤務する学校の子どもの学力が低い場合、原因は家庭の教育力だとか、授業の進め方が悪いとか、地域に問題がある、といった「答え」などです。それらは、過去の勤務校の「経験」や、自身の「知識」から導き出されたものでしょう。そして、多くの場合、それは妥当性がある適切な「打ち手（答え）」だと思います。決して間違いではありません。

　ただし、そこには仕事を進めていく上での落とし穴があります。例えば、第1に、**「抜本的な解決とはならず、対症療法的な解決なので、同じ問題が**

■多くの場合、私たちは「これが問題だ」と認識すると、どのように解決するかを考えて、すぐに解決策を決定しがち

問題の認識　　　　　→　　　　　解決策の決定

■これは、問題に直面した時に、私たちは限られた経験や知識から解決策を導こうとするためであり、よくありがちなこと
■例えば・・・
　➤「歯が痛い」
　　→痛み止めを飲む
　➤「学力が低い」
　　→授業改善する

図4-3 業務遂行上の落とし穴

繰り返し起きる可能性が高くなる」 ことがあります。もちろん、ほとんどの問題は、管理職やリーダーは判断を間違いませんし、全てに「抜本的な解決」を目指す必要も、また時間的な余裕もありません。学校は病院ではないので、四六時中検査をし、抜本的な課題解決をしているわけにはいきません。対症療法的な対応をするしかないことが多くあります。

　しかし、同じ状況が繰り返される問題や初めて起こった問題は、課題解決に向け、きちんと「現状の把握」をすることが大事です。例えば、頭痛があるときに、経験則で対症療法的な「鎮痛剤を飲む」といった方法論で考えるのではなく、「どういうときに」「どんな痛みか」などといった「現状の把握」が必要となり、それが適切な課題解決へとつながるのです。

　第2に、「周囲と共に解決していく上で、なぜその解決策なのか、十分な

・ただし、この場合に陥りやすいのは・・・

　・抜本的な解決とはならず、対症療法的な解決なので、
　　同じ問題が繰り返し起きる可能性が高くなる

　・周囲と共に解決していく上で、なぜその解決策なのか、
　　十分な理解や同意が得られないまま進む可能性が高くなる

　・前に経験した時とは状況が変わっているのに、
　　同じ解決策を実行することで、問題が解決しないことがある

図4-4 業務遂行上の落とし穴

理解や同意が得られないまま進む可能性が高くなる」ことがあります。状況によっては、管理職が言うことだからと渋々やらされているだけで、反対できないからやっているという場合も考えられます。方策・打ち手は、これまで述べてきたように自らの経験や知識に縛られています。そのため、経験や知識が豊富である管理職が、自分の経験や知識で行動を起こすと、経験の浅い若手の職員は、そうした管理職の経験に縛られた方策・打ち手・行動は思いつきません。つまり、理解が得にくい、もしくは理解が得られていないということになります。

　また、子どもたちに対して実際に直接的に何らかの行動を行うのは校長や管理職だけではありません。直接行動を行うのは、職員や保護者です。解決策を決定していく過程においても、ステークホルダーの理解や同意を得ていくことも必要となってきます。これらのことを自覚しなければ、仕事を進めていく上で、知識や経験の落とし穴にはまってしまうでしょう。

　第3に、**「前に経験した時とは状況が変わっているのに、同じ解決策を実行することで、問題が解決しないことがある」**といったことです。校長や管理職によくあることですが、成功体験を繰り返したがります。学級や学校、児童や生徒が過去のある時と全く同じ状況というのはあり得ません。そういうことが分かっていながらも、経験が長いほど、自分の過去の成功体験に縛られ、自分の「外」に目もくれず、状況が変わっているのに打ち手や方策の同一性に目が行きがちなのです。

4. 課題解決型の思考への入口

　先ほど、私たちは問題を見つけるとすぐに解決策を考えるという思考のクセがありがちだ、しかしそういった対症療法的な対応は不十分で、抜本的な解決が必要な場合があるということを述べました。では、どのように考えれば、抜本的な課題解決に結びつくのでしょうか。

　改めて述べることになりますが、これにはまず出発点として「現状の把握」が必要不可欠です。「現状の把握」により、広く物事を捉えることによって

しか、抜本的な解決に結びつくポイントを見つけられないからです。この時、どのように「現状の把握」をすればいいのか、「現状の把握」をする際に気をつけるべきポイントはどこにあるのでしょうか。

　一旦ここで、読者の皆さんには学校の「現状の把握」するために必要な「情報」にはどんなものがあるかを考えてみてもらいましょう。

　必要な「情報」と言えば、例えば、生徒の学力、生徒指導の状況、進学の状況、生徒・保護者のアンケート等、自校の教育目標、目指す学校像、教育予算の現状、小中連携の状況、教育課程、保護者の実態、教職員の人間関係、関係団体の状況など様々だと思います。

　結論的なことを言うと、ここでも、どうしても自分のすでにもっている価値観（「クセ」や「偏り」）によって「情報」を探そうとしてしまう姿が見られるのではないでしょうか。そして、何度も繰り返しますが、「現状の把握」をする際には、（すでに）読者であるあなたがもっている価値観を否定しているのではなく、そのことを自覚することが大切なのです。

　また、このことについて、ミドルリーダー層と校長とでは「情報」に対する受け止め方が違うのではないでしょうか。もしかしたら、すでに校長や管理職をしている場合は、「こんなことはいつもやっているよ」と受け止められてしまうかもしれません。校長や管理職の中には、「自分にはどうもクセや偏りがある」と切り替えられる人と、「自分はちゃんと情報を集めているよ」という思い込みで素直に受け入れられない人の両方が必ずいるように思います。

　もちろん、校長や管理職は、「情報」収集に真摯に取り組んでいるとは思います。ただ、どうしてもそこには自身の経験や知識による「クセ」や「偏り」が出てしまいます。自身のフィルターを必ず通して「情報」を集めます。また、その「情報」をどう分析（解釈）するかも然りです。それは長い経験を得てきたからこそのもので、避けられないことであり、悪いこと、責められるべきことだとは考えていません。ただ、そうした自分を自覚することがリーダーにとっては大事なのではないか、そうした今までの自分を見つめなおす機会をもってもらいたい、自覚して振り返り、行動変容につなげたいという考えです。

ここでもう一つ気づいてほしいのは、例えば、「地域の実態」や「国の方針」といった「情報」をきちんと入れているか、ではなく、自分の好きな分野や得意な分野、あるいは自分の関心が高い「情報」ばかりを集める傾向になりがちなことです。**どんな「情報」を集めているのが正解、ということを問題にしているのではありません。同じ学校を見ても、「情報」の内容や質が校長や管理職、職員一人ひとりで違う、ということに気づき実感してほしいの**です。人は、狭い意味での「情報」、自分に都合のいい「情報」を集めてしまいがちです。そこで、自分がもっているビジョンや考え方を具現化・正当化するために、そこに近い「情報」を後づけで集めてしまってはいないかということを自覚し、今一度、自身を振り返ってほしいのです。これは、アンラーニング（unlearning）[1]と言われるものです。

　また、自分が欲しいと思った「情報」を、カテゴリーに分けてみることも大切です。最近の教職員研修においては、ブレインストーミングから、グルーピング（カテゴリー分け）を行うグループワークもよく見られるようになりました。グループワークでは、一見、カテゴリー分けをしてまとめることが目標のように思えますが、その見方を少し変えてみてください。

　こうした作業をした際に、カテゴリーごとの自分の書いた「情報（付箋）」の量に差がありませんか。実は自分の「クセ」や「偏り」が可視化されているものではありませんか。

　例えば、教育委員会事務局勤務を経験した方は教育委員会や議会についての情報や予算管理や執行といった分野の「情報」を当たり前のように収集しようとしますが、教育委員会事務局勤務を経験していない方はそのような視点があまりありません。こうしたことから、今まで自分にとっては必要な「情報」ではないと思っていたものが、実は大切な「情報」の一つだったということに気づかされませんか。

1　アンラーニングとは「潜在意識や既存の価値観を認識すること」、「価値観を取捨選択すること」によってさらなる学びや成長につなげるプロセスのことで、「学びほぐし」とも言われています。

5. 視野の高さと偏りのなさ

　ところで、私たちが学校管理職に行うのと同様のマネジメントプログラム
を、教育長を対象としたセミナー[2]で行うことがありますが、校長と比べ、
教育長は幅広く「情報」を集める傾向が見て取れます。やはりそこには職の
違いがはっきりと表われます。教育長は校長に比べ、見ている世界が広いと
実感します。そういった資質をもともと備えた人が教育長になるのか、それ
とも、教育長という視野を広くもたなければならない職位がそうさせるのか
興味深いところです。もちろん両方の場合があるとは思いますが、普段の仕
事がそうせざるを得ない職位にあることが視野を広げさせているように思い
ます。つまり、職位が「上」に行けば行くほど、自分が「情報」を取りにい
かなくても、入ってくる「情報」が幅広くなるのではないでしょうか。

　例えば、教育委員会事務局の各課長は、自身が担当する領域の「情報」し
か入ってきませんが、次長、教育長となると、例えば議会の話も入ってきま
す。「〇〇議員が△△ということを言っていて、世の中は××の方向を向い
ているのだな」といったことを意識せざるを得ませんし、首長部局の関心も
含め、あらゆる分野の「情報」が自分の得意とする分野か否かや、自分の好
き嫌いにかかわらず上がってきます。そうした仕事を通して、自然と視野が
広がっていくことが多いのではないかと思います。

　しかし、学校は意図的に情報収集の対象を広げようとしない限り、偏った
「情報」で学校経営が進んでしまうおそれがあります。学校は積極的かつ意
識的に「情報」を集めようとしない限り、幅広い「情報」が集まらない世界
だと言えます。また、学校にとって都合のいい「情報」を学校の都合がいい
ように使ってしまっている危険性があります。そして、そうしたことを避け
るためには、校長自身が自分の意識を変えることや効果的な人事異動が必要
であったり、視野の広い校長の下で部下が育つということが必要になるで
しょう。やはり校長は、教職員の延長である職ではなく、管理職としての意

2　兵庫教育大学が主催する教育行政トップリーダーセミナーとして、毎年、夏と秋に2日間ずつ、全国4〜7か所
で行われている。

識をもって学校を経営するにあたって、意識を変えていくことが求められます。教職員よりも高い位置で先を見通して、より広い範囲（カテゴリー）での「情報」収集が必要だと言えるでしょう。

　もしかすると従来の学校経営においては、校長や管理職は、このようにアンテナを高くして「情報」を集める必要はなかったのかもしれません。教育委員会事務局なり、学校を所管する機関が指示する方向を向いていれば、独自に自分たちで判断する必要はなかったのかもしれません。また学校の権威・信頼性が高かった時代は、保護者や地域住民を説得する必要もなかったのでしょう。ところが、現在では、校長や管理職に求められていること、すなわち学校に求められることが変化してきているのです。社会の変化とともに学校のミッションも再定義されているのではないでしょうか。ちなみに、そのような考え方によれば、「情報」収集のアンテナとして活用すべく導入されたものの一つとして、学校運営協議会（コミュニティ・スクール）も存在するということになるでしょう。

6.「情報」のカテゴリー化

　さて、少し話を戻しますが、収集した「情報」をカテゴリー化するという話をしました。というのも、校長や管理職には「情報」を「カテゴリーとしてつかむ」という意識をもってほしいからです。「情報」の一つひとつをバラバラといわゆる熊手のように隙間がある状態で見るのではなく、いわゆるMECE（ミーシー）[3]といわれる漏れのないフレームワーク（視点）で見るのです。たくさん入ってくる「情報」をカテゴリーや塊として整理して把握する、という思考回路が校長や管理職には必要なのです。これは、一見簡単なことに思えますが、一職員として勤務している際にはあまり使わない思考回路かもしれません。この思考回路の開発については、第5章の「分析」で、さらに深く取り扱います。

---

3 Mutually Exclusive and Collectively Exhaustiveの略で、直訳すると「お互いに重複せず、全体に漏れがない」となります。「漏れなく、ダブリなく」と訳されることが多い言葉です。

また、広く視野をもつことが要求される校長や管理職にとっては、カテゴリーを事前にもっておく必要があります。どんな場合にも、例えば、教職員、子ども、家庭、地域という4つのカテゴリーをもつことを先に意識することによって、「情報」の漏れや脱落が防げます。また、カテゴリーをもっておくことが大事とはいえ、6個も7個ももってしまうと混乱するということにも気づかされます。

　そして、カテゴリー化することを通して見えてくることもあります。それは、校長や管理職でさえ、生徒指導や学校を中心とした「情報」ばかりを集めてしまっているのです。つまり、教職員は、子どもや教職員に関するものについては、カテゴリーが複数、あるいはカテゴリーの細分化や階層（レイヤー）がさらにできるほど、たくさんの「情報」を集めようとするものです。つまり、**校長や管理職と言えども、教室にばかりを注視しがち**な自分がいるのです。

　最近のマネジメント研修では、「地域」のカテゴリーに関わる「情報」が漏れることが少なくなってきました。一職員ならばこれも難しいかもしれませんが、校長や管理職であるならば絶対に必要なカテゴリーだと言えます。公務員型のマネジメントということを前述しましたが、「学校は誰のもの」なのかを突き詰めていくと、やはり、地域の声、民意といったものを少なくとも学校のトップとして、校長は意識すべきでしょう。ただ、「地域」よりさらに視野を広げ、教育委員会の情報や自治体の情報、国レベルの教育政策にまで「情報」収集のアンテナを張っていることが見えてくることはあまりありません。

　改めて考えてみると、職員（場合によっては教頭も）が文書を起案する際や会議での発言等をする際の立ち位置が「学校」のみであることを強く感じることがありませんか。プリントを受け取った保護者がどう思うのか、地域の人たちへの影響は考えたのか、予算はどうするのか、子どもたちにとって必要なことや大切なことは含まれているのか……。校長や管理職が自主的・自律的な学校経営を進めていく上で、部下に「考え方」「見方」を育てていく必要を感じませんか。まずは、校長や管理職が変わらなければなりません。

　ちなみに、事務職員も、管理職と似た視点をもっていることが多く見られ

ます。また、事務職員は、施設の状況、修繕に関する予算、就学援助や学校集金の未納状況などについてなど、教員出身の校長には脱落しがちな観点・情報がたくさん出てきます。同様に考えると、養護教諭には養護教諭に集約されている「情報」があります。そうした「情報」を共有することこそが「チーム学校」のねらいだと言えます。校長や管理職が幅広く収集していると思っている「情報」にも実は偏りがあり、一人職の職員にだけ集約されている「情報」なども実は多いのです。

7. 「情報」収集の方法にも偏りが出る

　収集する「情報」の内容のみならず、「情報」収集の手段、方法についても、「クセ」や「偏り」が見られます。例えば、誰でもそうですが、身近にいる自分の気持ちを理解してもらえる人からのみ「情報」を集め、自分にとって辛口の人からの「情報」は集めなくなってしまいがちです。聴き取りの対象も学校関係者に限定してしまいがちです。他方、民間や行政の経験があれば「情報」収集のリソースや、「情報」のネットワークも豊富かもしれません。

　また、前述したように学校運営協議会（コミュニティ・スクール）も、「情報」収集先、アンテナという意識でも積極的に位置づけるべきでしょう。最近では国や自治体が収集している統計データにもインターネットで簡単にアクセスできます。また、Google Forms 等を利用して簡単にアンケートを集約することもできます。これを使えば自由記述を文字に起こすなどといった職員の負担はありません。アンケートも 100％収集することに意味がある場合とない場合がありますし、全体像を把握するための量的調査（選択式のアンケート）と、ある一つのことに焦点化して詳細を把握するための質的調査（聞き取り調査、自由記述）とは区別するべきです。このような「情報」収集の手段があることや、それぞれのメリットを知っておくことも、校長や管理職にとっての「情報」収集においては大事です。

　ここでも、ミドルリーダー層は、「情報」収集の手段についても多様にあることを示せばすぐに自身の視野の狭さを自覚してくれる傾向があります。

他方、校長や管理職の場合は、これまでの経験や自身のやり方にプライドをもっている方が多く見られます。ただ、校長や管理職に自己否定をしてほしいということではありません。この違いについては、校長の世代と若手や中堅の世代では、自ら「情報」を集めていた世代と、身の回りにあるあふれんばかりの様々な「情報」から取捨選択できる世代の違いが出ているのかもしれません。

　また、こうした「情報」収集ですが、何も校長自身が全て行うべきものではありません。最初に述べたように、むしろ**校長は集まってきた「情報」を判断する役割にある**でしょう。したがって、**校長は、職員による「情報」収集に「偏り」や「漏れ」はないか、他の方法はないかという視点を常にもっておく必要**があります。

　もっとも、校長や管理職自身の「情報」収集ももちろん大事です。保護者アンケート、教職員面談、地域との懇談、自治会長との懇話会はよく採られている方法です。ただ、校長や管理職とはいえ、学校外の「情報」がなくても仕事ができてしまうので、学校外の「情報」が必要だという意識があまりないと思います。そこには、**学校だけで物事を解決できるというこれまでの経験による思い込みがあり、学校外の「情報」に解決できる糸口があるかもしれないというマインドになっていない**のかもしれません。

　また、教職員と比べると校長や管理職には比較的「情報」が集まってきます。例えば、校長会での教育長からの話や、教育委員会事務局からの伝達がなされますが、それを学校内で伝達することで、職員にたくさんの「情報」を知らせ、職員に広い視野をもって教育活動にあたってもらうことも校長や管理職の大事な役割です。未来の校長や管理職を育てていくことも管理職の大切な仕事です。加えて、地域や保護者に対しても、教育を行うのは学校だけであるという意識があったならば、そこは粘り強く説明や実践を繰り返していき、学校教育・家庭教育・社会教育という空間軸で物事を見つめることを広げていくべきだと考えます。

8. 「現状の把握」における4つのポイント

「現状の把握」には、次のようなポイントがあります。

> 1．できる限り幅広い観点から行う。
> 2．定量・定性の両側面を押さえる。
> 3．事実と解釈を混同しない。
> 4．入手方法も併せて検討する

　前に述べたように、校長や管理職は、「現状の把握」をするために自身で「情報」を収集するというよりも、教職員が集めてきた「情報」を判断する職です。その判断の際に、この4つのポイントが大切なのです。もちろん教職員が「情報」を集める際に大切なポイントであることを伝える役割も担います。また、このように4点に整理すると、方法論、スキルのように聞こえるかもしれませんが、それは令和の時代の学校マネジメントの真意ではありません。繰り返しになりますが、この章を通して伝えたいことは、どの「情報」を集めることが正しいことだとか、この方法を採ることが正しいということではなく、「現状の把握」を行おうとする場合にどうしても避けられない自身のクセや傾向、言ってみれば"性（さが）"の自覚です。

　定量・定性の両側面についても、そのスキルの獲得を目指しているわけではなく、職員は一般的に定性的なものが好きであり、「(学力や人格は)量だけで測れない」という意識が強い傾向がある、といったことに気づいてもらえるといいでしょう。また、自分の学校経営にとって都合の良い定性データに引っ張られがちであることを自覚してもらえるといいでしょう。令和の時代の学校マネジメントにおいては、この自覚こそが、受講者自身のこれまでの判断を突き放し、対象化、客観化し、新たな観点を生んだり、自身の行動を変えていったりするなどして、自主・自律したリーダーとしてのより健全な判断に接近する大事なプロセスだと考えているのです。

　また、「情報」は、カテゴリー化するとよいということを前述しましたが、

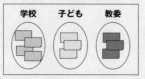

1. 現状に関する情報収集

| 学校 | 子ども | 教委 |

■ 思い込みではなく、事実ベースで教育の現状に関する情報を収集する
■ 収集する情報は特定の領域に偏っているケースが多いため、自身の傾向を自覚しておく

2. カテゴリごとに「特色」と「問題」の二軸で分類

	学校	子ども	教委	…
特色				
問題				

■ 収集した情報はカテゴリごとに「良い情報（特色）」と「悪い情報（問題）」とに分類する
■ 分類は無意識の基準に左右されやすいことを自覚しておく
  例）「学級1クラスあたりの人数が少ない」という情報は「刺激に乏しい」として問題にもなれば、「1人あたりの指導時間が長い」として特色にもなり得る。
  往々にしてその人の経験則に基づくものの見方や価値観で判断をしている

図4-5 情報収集のステップ

カテゴリー化した上で、その情報をプラスの意味での「特色」とマイナスの意味での「問題」という2軸で分類すると、より「情報」が整理されるでしょう。もっともこの場合、ある「情報」をプラスと評価するのかマイナスと評価するのかについても、その人の経験からくるクセや傾向、さらには思い込みに影響されてしまっている可能性があることを自覚するべきでしょう。どうしても、「問題」ばかりに目が行くことなども、受講者自身のこれまでの経験によるものが大きいと思います。大切なのは、自分の今の立場と違う立場で物事を捉えることができるかどうかです。マネジメント研修においては、受講者同士のディスカッションの中で、**「自分と違う」考えに触れること、それを意識することが大切**だと考えています。そのことで、情報の収集という応用力を身につけていくこととなります。

9. マネジメントの土台としての「情報収集」

　本書の基になっている研修プログラムとの関係で言えば、第5章の「分析」以降と比較して、「情報収集」は、そのねらいを直感的に理解、実感しやす

い研修プログラムです。また、「情報収集」は単独でも成り立つ研修プログラムですが、他の研修プログラムは、「情報収集」を前提に、また「情報収集」とつなげていくことでその意図が伝わり、受講者の満足感も得られる研修プログラムです。

　逆に言えば、第4章の「情報収集」自体、第3章の本研修プログラム全体の哲学そのものをお伝えしていなければ、理解されにくいかもしれません。第1章で述べましたが、令和の時代の学校マネジメントには、地方分権、自律的学校経営の時代の公教育についての考え方、つまり、公教育には民意の反映が大事であり、学校は地域とともに歩んでいく、という哲学があります。いわば学校のステークホルダー全てが共同エージェンシーを発揮していく必要があるとも言えるでしょう。この考え方においては、校長や管理職のいわば独善的な学校経営、マネジメントは認められません。また、ビジョンが先行する民間型のマネジメントも公教育にそのままなじむとは思えません。地域の民意、大きな社会の流れに視野が開かれている公教育のマネジメントが必要不可欠です。こうしたマネジメントを、いわばハードとソフトをつなぐ基本OSのような、学校を動かしていく土台としていく必要があります。

本章のポイント

① 「現状の把握」が公務員型マネジメントの出発点である。
② 「現状の把握」は自身の「経験や知識」に縛られていることを自覚する必要がある。
③ 「自分と違う」考えに触れること、それを意識することが重要である。
④ 自身の行動の前後にある「情報」に対する価値観の「クセ」や「偏り」を「自覚」し「振り返る」ことによって自主的・自律的な学校経営ができる。

（藤田 亮）

マネジメント研修から得たもの

　私は北海道立教育研究所で、3日間にわたり6つのプログラムのマネジメント研修を受講しました。研修後は、校長としての自覚を改めて強く持つとともに、自分の強みを生かした学校経営に努めようと意識が高まったように思います。こうした思いに至ったポイントはたくさんありますが、2つ紹介します。

　1つ目は、様々なケースで応用できる校長の行動、見方・考え方を学ぶことができたことです。

　例えば、校長は問題が生じるとすぐに手立てを講じようとするが、重大な問題では多面的に情報を収集し、その情報を分析した上で真因を明らかにすることが重要であること。また、目の前の課題解決のみに終始することなく、「ありたい姿」を設定し、その達成のために職員が進んで取り組むように校長としての行動を起こすこと、などが印象に残っています。

　2つ目は、自分自身の思考特徴をメタ認知できたことです。

　「正解はない」ことを前提としたケース演習により、自分なりの考えを気兼ねなく話し、他の参加者の忌憚のない意見を聞くことができました。この交流で自他の考えを比較することにより、自分自身の考え方の特徴やクセ、強み、弱みなどについて新たな気づきがありました。具体的には、自分は、課題の要因等の細かな分析、慎重さに欠ける反面、大胆な発想や企画によって人や組織を動かす構想力は、特徴（強み）であるように思いました。そのほか、特に、実感できたのは、判断を下すときの自分の特徴です。自分がなぜその判断をしたのか、その前提となる経験などを掘り下げることで、その偏りを自覚できたように思います。

　この研修は、全てが参加者の主体性を促す内容であり、3日間の受講で、日ごとに学ぶ意欲が高まってきたことを記憶しています。私は3校の校長を経験し、多くの研修に参加してきましたが、校長の行動やものの見方・考え方について、これまでにない新たな視点から考えたり、自分の特徴について繰り返し考え、自覚したりする経験は初めてでした。

　多くの管理職の方々が本研修を受講され、自分自身を見つめなおし、新たな視点で学校経営に取り組んでいただくことを期待しております。

（北海道三笠市立三笠中学校校長　田村和幸）

第 5 章

マネジメント・プロセス2
「分析」

───── **本書における「分析」とは** ─────

　本書では、現状を把握するプロセスを「情報収集」と「分析」の2段階とし、本章では校長と教職員とで行う「分析」について考えます。

　一般的に分析とは「物事をいくつかの要素に分け、その要素・成分・構成などを細かい点まではっきりさせること」と定義されていますが、本章では「分析」を「日々起きている様々な事案に対して、適切な行動を起こすために校長と教職員が事案の原因や要因を思考するプロセス」と捉えています。

　校長として、学校経営の成果につながる「分析」にするために、教職員と共にどう取り組んでいけばよいのかについて考えてみましょう。

1. 「分析」における校長の役割

　学校では、日々多様な事案が発生し教職員が対応しています。対応の過程では、教職員が中心となって事実や情報を収集、分析することを通して現状を把握し、対応策を検討した上で行動を起こします。行動の結果、成果につながることもあれば、成果が上がらないこともあります。このように学校では、次から次へと発生する事案に対して、追い立てられるように現状把握・課題設定・行動を繰り返しています。

　校種や学校規模にもよりますが、一つの学校で発生している様々な事案の総数は膨大になります。それらに対して教職員が起こす行動のほとんどは、大きな問題が発生することもなく、課題の解決や成果に結びついているものと思われます。それは、自身の今までの経験や先輩同僚の経験などからくる行動の蓄積を基に行動しているからです。しかし、中には問題の本質を見誤って行動したために重大な問題に発展したり、問題が長期化したりする場合も少なくありません。その原因は様々考えられますが、前章で取り上げた「情報収集」や本章で取り上げる「分析」の不十分さ、つまり現状把握の不十分さが原因の一つであると考えられます。

　学校で日々発生する事案は、教職員が判断し行動する事案、教職員と主任で判断する事案、さらに教頭が加わって判断する事案等、問題の状況によって対応のレベルが分かれます。その中で、校長には重要かつ喫緊な事案や繰り返し発生している事案が報告されているのではないでしょうか。対応に際し校長には、校長としてのリーダーシップが期待され、教職員とは異なる高い視点、広い視野で物事を捉え、教職員の行動を判断する力を身につけなければなりません。

　本書では、現状把握のための「分析」における教職員の役割を「発生した事案について行動する」、校長の役割を「教職員の行った行動に対して成果につながるよう指導・助言する」とします。つまり、「分析」は組織全体で行われるものなのです。日々行われている現状把握のための「分析」を成果につなげるものにするために、校長と職員がどのように取り組めばよいの

かについて考えていきましょう。

2.「分析」における考え方

最初に、教職員と校長で行う「分析」の考え方について考えてみましょう。

❶「問題の原因分析」と「特色の要因分析」

図5-1のように、「分析」の考え方には「問題の原因分析」と「特色の要因分析」の2つがあります。本章では、「問題」とは学校運営上でマイナスに働くこと、「特色」とはプラスに働くこととします。また、「問題」には原因、「特色」には要因がそれぞれあります。**問題となる事案が発生した際には、教職員に「問題には必ず原因がある」と考え、第一に問題の原因を特定しようとする感覚を教職員に持たせる**ことが重要です。加えて、問題を解決する時には表出している問題そのものではなく、問題の背景にある原因に向かう感覚を持たせることが大切です。問題が生じる場の近くにいる教職員ほど、どうしても問題の表層の解決に目が向きがちです。例えば、取り急ぎ誰もが分かりやすい解決と思われる状態をつくろうとする傾向があります。校長は、

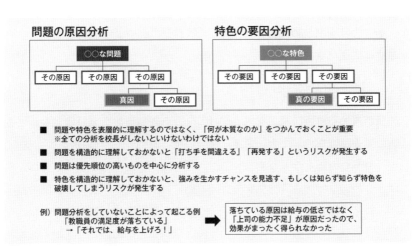

図5-1 分析の方法

そのような状況であると感じた時には、「問題の原因を把握したのか」「原因はどこにあるのか」と問いかけ、教職員が問題の本質に目を向けるよう働きかけるとよいでしょう。また、学校にプラスに働く**特色を分析する際には、「なぜよいのかについて一番影響を与える要因は何なのか」を探そうとする感覚を教職員に持たせる**ことが重要です。校長は、「特色の要因を把握したのか」「要因はどこにあるのか」と問いかけ、教職員が特色の本質に目を向けるように働きかけることが大切です。

❷ 本質をつかむことの大切さ

　「分析」で大切なのは、問題の原因や特色の要因を特定することです。その際、**問題や特色を表層的に理解するのではなく、「何が本質なのか」をつかむことが大切**です。校長は、教職員の行う行動を校長という立場から評価し、判断しなければなりません。問題を構造的に理解しないと「打ち手を間違える」「再発する」というリスクが発生します。特色についても構造的に理解しないと、強みを生かすチャンスを見逃す、もしくは強みである特色を知らず知らずのうちに破壊してしまうというリスクも発生してしまいます。

　例えば、問題に対応しているにもかかわらず繰り返し同様の問題が発生していることはないでしょうか。また、学校で特に問題が生じていない時、なぜ順調にいっているのかについて考えないままでいることはないでしょうか。そのような状況の時には、「問題の原因分析」や「特色の要因分析」を意識することが重要です。

❸ 優先順位をつけて「分析」する

　問題の原因や特色の要因を探るのは、緊急度も重要度も高い事案からするように優先順位をつけて考えます。優先順位の高いテーマは、緊急度も高く、重要度も高いものとなります。

　図5-2のように問題や特色を分析する前には、複数の問題・特色の中から至急に対策を講じなければならないテーマを特定しなければなりません。この時校長だけで考えるのではなく、教職員全員または主任等で議論することも大切です。

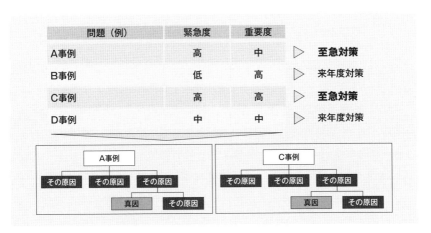

図5-2 分析を行う重要テーマを特定

3.「分析」における考え方のポイント

❶ ポイント1「モレなく、ダブりなく」の視点

　「分析」を適切に行うための大切な視点は、「モレなく、ダブりなく」全ての場合を考えているかという視点で、物事を見ようとしているかということです。これは学校現場ではあまりなじみのない考え方ですが、この視点で分析していくことで、課題を捉える視野を広げていくことができます。さらに、**問題や特色を構造的に理解するために「モレなく、ダブりなく」という視点が重要であり、その方法としてロジックツリーを書くことが有効**です。

　校長が教職員の行った行動の背景となる原因を判断する際には、「常にこの視点を見落としていないか」、「偏った見方をしていないか」、「考え方にダブりはないか」という視点で教職員に働きかけながら、よりよい対策を考えさせることが必要です。

　皆さんの中には、「校長は学校で起こっていることの全てを把握していなければならない」とか、「分析は校長である自分がすることである」と考える方がいるかもしれません。そのような方にあえて問いかけます。「校長が指示して取り組んでいる対策は、全て期待する成果が上がっていますか」、「校

長は、本質に迫るように多角的、他面的に原因等を特定していますか」と。

　私たちは、何か物事が起こった時に今までの成功体験や世の中でのセオリーと言われる情報などから、決まりきった原因と対策を考えてしまいがちです。例えば、次のように対策を決め打ちしていることはありませんか。

・不登校 → 関係機関との連携（学校だけの問題ではないと結論づける）

・学力向上 → 授業力向上（学力が上がらないのは授業者の力量しだい）

・非違行為根絶 → 職員研修（研修以外に思い当たらない）

・GIGA スクール構想の推進 → 好事例の後追い（ゼロから考えるより効率的）

　もちろん、上記のような対策は間違いであるとは言いきれません。むしろ、セオリーと言ってもよい対策です。しかし、対象を学年・学級やその他の条件別に分けて分析することなく、全校としてひとかたまりにして分析したり、教育委員会からの通知内容を自校の実態に合わせるだけで、そのままアレンジすることなく実施したりすることはないでしょうか。

　これからの校長に求められる姿は、常に「本当にそれで成果が上がるのか」と自身と教職員に問い、成果や課題を検証した上で、校長にしかできない視点で継続的に取り組み続ける姿です。さらに、校長がリーダーとしての自分を俯瞰し自身の強みや課題を自覚した上で、自身の力でリーダーシップを高め続ける姿が求められているのです。

❷ ポイント2「仮説を立てて」考える

　次に、「仮説を立てる」ということについて考えてみましょう。繰り返しになりますが、問題となる事案が発生した際には原因を特定することが大切です。私たちは原因を考える時に、それまでの経験や知識による思い込みなどから原因を決めつけてしまう傾向があります。そのように決めた原因から考えられた打ち手では、成果につながらないことも多いのではないでしょうか。原因の特定のためには、「モレなく、ダブりなく」という視点で考えることが重要であり、さらに**「モレなく、ダブりなく」考えるためには「仮説を立てて考える」**ことが有効です。

　具体的には、最初に問題を引き起こしている可能性のある直接の原因（仮説）を複数挙げます。次に、仮説を確認するためには何を調べればよいかを

考え具体的事実を収集し、原因でないことが分かった場合や学校の取組だけでは改善できないことが制約や前提となっている事象の場合は、それについては分析をやめます。また、新たな原因が見つかれば追加して検証したり、原因を引き起こしている原因をさらに探したりするなどの検証を3〜5回繰り返して原因を特定します。

「仮説を立てる」ことにより、自身の経験や知識の偏りによる原因の見落としや思い込みによる原因の決めつけ等が生じることを防ぐことができます。以上のように、成果につながる「分析」とするためには、「仮説を立てて考える」ことがポイントとなります。

4.「分析」を進める考え方

「分析」を進める際には、ロジック（＝思考の道すじ）が大切です。本章では、「分析」のロジックとして、

・「分析」には「問題の原因分析」と「特色の要因分析」があり、「何が本質なのか」をつかんだ上で原因や要因を特定することが重要
・問題の原因や特色の要因を特定する時には、緊急度も重要度を考慮して優先順位をつけて取り組む
・問題や特色を構造的に理解するために「モレなく、ダブりなく」という視点が重要
・「モレなく、ダブりなく」考えるためには「仮説を立てて考える」ことが有効

と整理し、さらにそのロジックで考える方法としてロジックツリーを作成することが有効であるとしました。しかし、ロジックツリーの作成はあくまで手段であり、重要なのは問題の本質を捉え、仮説を立てながら調査・検証して問題の原因や特色の要因を特定していくというロジックツリー的な思考であることを忘れないでください。

❶ ロジックツリーを活用する

　次に、ロジックツリーを作成してみましょう。ただし、ロジックツリーを作成することを通してロジックツリー的思考の訓練をすることが目的であることに注意してください。ロジックツリーの作成方法は次の通りです。

> 1．問題を引き起こしている可能性のある直接の原因（仮説）を複数挙げる
> 2．仮説を確認するためには何を調べればよいかを考え、具体的事実を収集する
> 3．1で挙げた原因を引き起こしている原因を挙げる
> 4．上記を3〜5回程度繰り返す

❷ 「真因」を特定するポイント

　ロジックツリーを作成して「分析」を進める際のポイントは次の通りです。

> ・具体的な事実やデータに基づいているか（自身の推測や思い込みで進めてしまう）。
> ・一つの原因に二つ以上の要素を含めていないか。
> ・結果←原因の関係になっているか（逆も成り立ってしまう）。
> ・結果←原因の関係に飛躍がないか。
> ・原因を抽象化していないか。

　大切なのは、「モレなく、ダブりなく」という考え方です。そのためには、思い込みで原因を決めつけずに、「他にないのか、他にないのか」と様々な角度から考え続け、「真因」を特定することが必要です。「真因」とは、何が最重要問題と強い因果関係がある原因であるか考え、取り除くことによって最重要問題が解決する原因のことです。

　図5-3は、「真因」を特定する考え方を示しています。「真因」を特定する

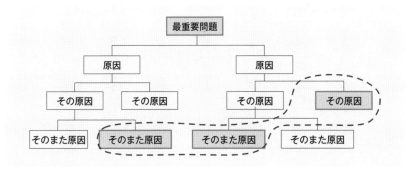

図5-3 真因の特定

ポイントは次の通りです。

・取り除くことができる原因かどうかを検討する
・取り除いたときに、効率性・効果性が高いかどうかを検討する
・真の原因は、原因分析をしていくと繰り返し出てくる傾向が強い
---

❸ 「真因」分析の過程

それでは次に、「真因」を特定する過程について次ページ図5-4のツリーで考えてみましょう。

ツリーの1層目には、児童生徒が学習に取り組む場に着目し、「学校教育」「学校以外の学習機関」「地域」「家庭」と設定しました。これは、「モレなく、ダブりなく」という視点で捉えたものです。

また、本章では学校の取組では改善できない制約があるものを制約条件と捉え、制約条件はそれ以上の分析は行いません。ここでは、「学校以外の学習機関」と「地域の教育力」を制約条件とし、2層目以降の分析は行いません。

「学校」と「家庭」の2項目については、「取り除いたときに、効率性・効果性が高いかどうか」を調査・検討した結果から、2層目以降でさらに原因追求を行う対象としています。このように、まず1層目について十分に検討

した上で2層目について考えていきます。2層目では、再び「モレなく、ダブりなく」の視点で仮説を立て、取り除いたときに効率性・効果性が高いかどうかを検討しながら、追加検証が必要なもの、対策が困難なもの、影響が薄いものなどに整理していきます。そのようなプロセスを経て、学校として取り組む必要性の高いことやさらに検証していくことなどを明らかにしていきます。なお、このツリーは、本書で取り上げている架空の中学校のケースを基にして作成しています。

❹ 分析時の注意事項

次に、ロジックツリーを作って分析する時の注意事項を考えてみましょう。例えばツリーの1層目は、時間をかければ俯瞰的でモレない全方位的なものを比較的つくりやすいのですが、2層目、3層目になると、自分の結論に導こうとするものを作りたくなるという思考が働きがちです。また、ツリーや分析の正解が分からないとモヤモヤしてしまい、作成を途中で投げ出したくなるということも起こりがちです。ロジックツリーに正解のツリーなどないのにも関わらず、そのように考えてしまうのです。繰り返しになりますが、

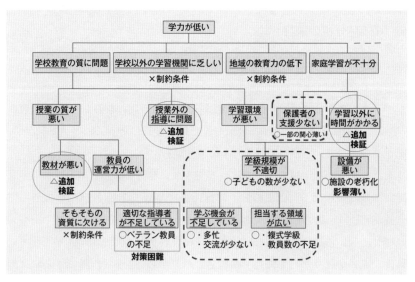

図5-4 ツリー作成例

ツリー作成の目的は正解であるツリーを完成させることではなく、ツリーを作成する過程で、徐々に100%、360度、「モレなく、ダブりなく」全ての場合を考えているという考え方が身についていき、判断の質が高まることです。校長も教職員も、このようなロジックツリー的思考が身についたと実感できた時、それまでの分析では見えてこなかったものが見えてきたという喜びを感じるはずです。

5.「分析」のプロセスにおいて陥りやすい思考

　校長さらに教職員も、「分析」のプロセスで次のような思考に陥ってしまうことはないでしょうか。それは、前章でも取り上げた自身の思考が「経験や知識」に縛られていないかという視点です。ここでは、教職員そして校長が陥りがちな思考について考えてみましょう。

❶ 短絡的な思考

　教職員が、集まってきた情報に対して次のように分析を行ってしまうことはないでしょうか。それは、**自身がよいと考える打ち手（＝答え）がまず先にあり、それにつながるように短絡的に思考し原因を決めてしまう**姿です。つまり、ゴールまでのストーリーができてしまっているのです。本来であれば、「事案発生以前の状況は」「背景にある人間関係は」「関連する情報は他にないか」「家庭の状況は」など、できるだけ多くの情報を集め、その一つひとつが原因として考えられないかなどについて分析した上で、打ち手を考えることが必要です。私たちは「分析」のプロセスを、**「事案発生→事実やデータに基づいた情報収集→仮説を立てる→仮説を検証し原因を特定→打ち手」というロジック（＝思考のみちすじ）にしていかなければならない**のです。

　また、担当の教職員が打ち手を決めると、他の職員が他に原因や打ち手がないかについて考えることを止めてしまうことはないでしょうか。打ち手を決めた本人は、自分が考えた結論から離れようとせず、他の職員は一番詳し

い担当が決めたのだからそれでよいだろうという理由で、他の可能性を考えなくなってしまうという構図です。このような状況に教職員だけでなく校長も陥っていることはないでしょうか。

　ではなぜこのようなことが起こるのでしょうか。理由としては、学校で起こる様々な事案に対して、あらゆる可能性を考えて原因や要因を分析することなく、「多くの人が考える、または担当が考えることが正しい『答え』に違いない」という思考が日常的になっていることが考えられます。もちろん学校で発生している全ての事案に対して、背景となる原因まで考えることは物理的に難しいかもしれません。しかし、原因を考えることで状況が好転する可能性がある事案に対しても、まったく考えないで通り過ぎることはないでしょうか。多忙化が進んで余裕がなくなっている現在の学校では、ますますこのような傾向が強くなってきているように思えます。

❷ 客観性に欠ける思考

　他にもこのような分析の様子はないでしょうか。それは、「**自分が経験をしていたり得意であったりする分野ほど、情報や事実が客観的に見えなくなり主観的な分析になってしまう**」姿です。多くの校長そして教職員は、過去に類似する経験があることほど、経験則で決め打ちしてしまう傾向が強くなりがちです。学習指導、生徒指導、保護者対応などの問題に対して、過去に経験したり勉強したりして、自身が得意であると感じている分野であればあるほど、こうに違いないという思い込みが強くなり、分析や判断が客観的でなくなり主観的になってしまうことはないでしょうか。一つひとつの事案は、過去のどの事案とも全く同じ状況で発生しているはずはありません。だからこそ、何を根拠に目の前の事案を分析・判断していくのかが大切です。

　校長はこのような自らも陥りがちな思考を踏まえ、教職員の分析、判断の質を向上させ、成果につながる行動を行わせるために指導・助言を行わなければなりません。短絡的な分析を行っている教職員に、どのようにアプローチすれば分析の質を向上させられるのか、また客観性に欠ける分析をしてしまいがちな教職員へのアプローチはどうすればよいのか、校長のリーダー

シップと指導力が問われるところです。

　教職員の分析の質が高まるためには、モグラ叩きのように「この分析では
ダメだ」「分析が不十分だ」と伝えるだけでは、校長の役割を果たしたとは
言えません。校長は、教職員にどう働きかけていけばよいのか、校長はどの
ような視点を持てばよいのか、もう少し考えてみましょう。

6. 校長の視界

❶ 環境の分析と校長の視点と視野

　校長は教職員の分析が成果につながるように判断し、指導・支援しなけれ
ばなりません。そのためには、校長の視点は教職員よりも高く、視野は広く
もつ必要があります。

　もちろん、学校では校長も教職員も子どもを見ることを第一に考えなけれ
ばなりません。その中でも教員は基本的に子どもをしっかりと見なければな
らない職種です。そして、校長は子どもを見ることと併せて、トップリーダー
として次ページの図 5-5 に示すような政治、経済、社会、技術等も視界に入
れて環境の分析に取り組まなければなりません。

　また、環境の分析をポジティブ、ネガティブの両面から考え想定すること
も必要です。視界が狭くなりがちな教職員に対して、「日本―自治体―地域」
の教育を取り巻く環境を幅広く捉えて伝えたり、学校外のヒト・モノ・コト
の立場から考えて助言したりするなど、校長としての視界を広く持つことが
よりよい分析を行うことにつながることを自覚する必要があります。

❷ 俯瞰することの必要性

　繰り返しになりますが、担当の教職員は、状況に対してどうしても近視眼
的に問題を捉えたり、解決を短期的に図ろうとしたりする傾向にあります。
そこで校長は、教職員が行う分析に対して常に高い視点から学校を取り巻く
環境全般を俯瞰することが大切です。

　次に、分析のプロセスにどうして俯瞰することが必要になるのかについて

政治	●6-3制の撤廃 ●IT学習の推進 …etc
経済	●企業の求める人材像の変化 ●○○の職種を除いて低賃金化…etc
社会	●高齢者人口が2040年には○%…etc
技術	●タブレット端末の普及率は○%に…etc

ポジティブ	ネガティブ
✓ICT教育が導入しやすくなるのではないか ✓学級編制が柔軟にしやすくなるのではないか	✓教育観を変えないと、将来の日本で「生きて」いける人が育てられないのではないか

■ 日本ー自治体ー地域の教育を取り巻く、環境変化を幅広く捉え、そこから受ける影響をポジティブな側面、ネガティブな側面の両面で想定する
■ 視点や立場を変えてみることで、見えてくる事柄が変化する。
　（業界や立場が違う人からの話を聞くことで新たな切り口が発見できることも多い）

図5-5 環境の分析

考えてみましょう。それは、学校で発生した問題を俯瞰して構造的に整理すると原因が分かりやすくなるからです。前述の通り、学校で発生している事案の総数は膨大ですが、それらに対して教職員が起こす行動のほとんどは、課題の解決や成果に結びついています。その中で、重要で喫緊な問題や解決までの期間が長期化している問題については、対症療法的な解決ではなく抜本的解決が重要であり、そのためには「真因」の解明が必要になります。

　学校で発生する様々な問題が複雑化・多様化し、さらに多忙化が進む現在の学校では、重大や喫緊の問題や繰り返し発生する問題、さらに長期化する問題など、優先順位の高い問題が何であるのかを判断し、選択する力を校長はもちろん、教職員にも持たせていくことが必要であると言えます。

　ほとんどの校長は広い視野で情報を収集し、多角的・多面的に情報を分析することが大切であるということを頭では理解しています。しかし、そのことが簡単ではないことに気づき、その上で校長としてどのように分析していけばよいのかについて深く考えることが大切になります。

7. まとめ

❶ 広い視界で俯瞰的に捉えること

　校長は、日頃から学校で生じる様々な事案に対してアンテナを高く持ち、職員からの情報や判断、さらに自ら収集した情報等を基にして緊急度に応じて問題解決に取り組まなければなりません。その際、ロジックツリー的な思考が重要です。

　さらに、**全体を俯瞰的に捉えるようになってくると、やがてロジックツリーを描かなくても頭の中でロジックツリー的な思考が働くことが身につき、校長としての分析力や判断力が確実に高まることになる**でしょう。

❷ 自分自身と向き合うこと

　校長になると、学校のトップとして「間違ってはいけない」という思いが働き、「常に正しくありたい」という思考傾向が表れがちです。様々な問題に向かう時、校長として常に自信をもって自分の考えをアウトプットし続けることは大変です。特に自分の経験が少ない分野や苦手な分野に対しては、自分の考えの不十分さをさらけ出すことにならないかとネガティブな気持ちになりがちです。そのような時に、いわゆるセオリーに頼ってしまいたい気持ちが出てくることもあるでしょう。しかし、ロジックツリー的思考を活用して自分の考えをアウトプットし可視化してみて、初めて自分自身の問題意識や考えの偏りや足りない点に気づくことができるはずです。大切なのは、間違いを恐れずに自身の様々な考えを自由に思考するプロセスです。このプロセスで、自身の得意なことにも苦手なことにも向き合いさらに思考したり、書籍等の力を借りたりしながら思考を深めたり広げたりしていくことにより、校長としての分析力、判断力が高まっていきます。このように、**自分自身と向き合うことは、自身の強みや課題と向き合うという厳しいプロセスですが、成果につながる判断をしていくためには欠かせないもの**と言えるでしょう。

❸ 校長自身が成長し続けようとすること

　ロジックツリー的思考をもつと、多くの場合自身がいかに客観的に物事を見ていなかったかということに気づかされます。ロジックツリー的思考のプロセスを通して実感する「思考感覚」を大切にして、学校や学校を取り巻く環境を俯瞰的かつ総合的に見る視点を身につけることが大切です。校長が、自身の考え方の「偏り」や「クセ」を自覚し、それに向き合う必要があると気づいた時、むしろ大きな充実感を得るはずです。物事をこれまで限られた方向からしか見ていなかったことを自覚し、高く、広く、全体を俯瞰するような見方・考え方を身につけていくことが、校長の学校経営の総合力を高め、充実した仕事の創造へと必ずつながります。日々の学校経営を通して、**校長自身が学び続け成長し続ける姿勢を示している学校が、学び続け成長し続ける教職員集団を育てる**のではないでしょうか。

　2020年代を通じて実現すべき「令和の日本型学校教育」の姿「全ての子供たちの可能性を引き出す、個別最適な学びと、協働的な学び」を実現できる学校の校長を目指して、まず校長自身が「自らの可能性」を引き出せる力を持ちましょう。ロジックツリー的思考を身につけ「分析」の力を高めることは、その実現のための推進力になるはずです。

> **本章のポイント**
>
> ① 「分析」は校長が行うのではなく組織で行う。校長は適切に分析を行うことを通して「何が本質なのか」をつかみ判断していかなければならない。
> ② 分析には、「問題の原因分析」と「特色の要因分析」があり、「真因」をつかむことが重要である。
> ③ 校長は、学校全体を俯瞰的に捉え構造的に問題や特色をつかむことが重要である。そのためにロジックツリー的な思考を身につけることが必要であり、教職員にも身につけさせたい。

④ 令和の日本型教育を支える校長は、広く世界や社会の変化を俯瞰して捉え学校経営に生かす。一方、自分自身にも目を向け、自身の校長としての在り方を適切に分析し、自らの可能性を引き出し続ける姿が期待されている。

（池田 浩）

マネジメント研修を受講して

　学校の教育活動は、校長の経営ビジョンで示された学校教育目標と具体的な努力事項の達成に向け、全職員の共通理解の下で取組が行われています。その学校教育目標と具体的な努力事項の設定のために、「対課題面の力」が強く求められているのが校長です。

　「スクールリーダーのための課題解決スキル」をテーマとした講義・演習では、課題に対する答えが多様である自立的な学校経営において、応用力の中でもとりわけ対課題面の力を高めていくことの大切さを実感しました。演習参加者のディスカッションによるケーススタディでは、これまでの自分の情報収集の特徴として、自分の足下しか目が向いていなかったのではないかと内省する機会になりました。また、課題解決に向け、その原因を分析する際には広く俯瞰して考えることが簡単なようで難しいと感じました。それが、自分自身の経験だけで物事を考えがちな自分の思考の特徴（クセ）によるものだと気づかされ、これまでの学校運営上の判断を振り返ることができました。

　今後は、学校現場だけではなく、市・県・国の施策や方向性に広く目を向け情報収集することや、これまで以上に地域や保護者の声を情報として拾い上げ、分析に生かしていくことが大切であると考えています。学校経営者として、「経験知に頼るだけではなく、広く関係者の考えを聞きながら経営にあたりたい」、「課題解決にあたる上で、取組の根拠を明確にするために原因分析をしっかりとしたい」、「問題分析ツリーの手法を用いて複数の目で真因を特定することで、課題に対しての手立てが変わっていくことを意識したい」と考えるようになり、日々このことを意識して学校運営を行っています。

　研修冒頭に、これからの校長像は管理者ではなく、指導者（リーダー）としての力量を高め、マネジメント力を発揮していくことが求められているとの講話を拝聴しました。変化の大きい学校現場において、常に状況に応じた最適解が導き出せるよう、社会の変化や時代に応じた学力観の変化を捉えていきたいと思います。さらに、コミュニケーションを大切にし、子ども、教職員や地域などを画一的に捉えるのではなく、それぞれの異質性を学校の価値に変えていけるような力量を身につけていきたいと考えさせられた研修でした。

（宮崎県延岡市立一ヶ岡小学校校長　木村淳子）

第 6 章

マネジメント・プロセス3

「構想」

—————— 本書における「構想」とは ——————

　学校運営における構想と聞くと、多くの方は「学校教育目標」を思い浮かべると思います。ただ、多くの学校で掲げている「学校教育目標」は、意外に学校の中であまり意識されていなかったり、抽象的過ぎて何をすればよいか不明確な内容であったりすることが多いのも事実です。

　本章でいう「構想」とは、「目的や目標の設定」のことを指していますが、前述したようなふわっとした内容ではなく、根拠や分析に基づいた明確な学校運営の方向性としての「目的や目標の設定」を意味しています。

　本章では、「令和の日本型学校教育」を進める校長として、「目的や目標の設定」をどのように捉え、どのような考えで「目的や目標の設定」をするかを論じていきます。その中で、これまでイメージしていた「目的や目標の設定」の在り方を見直すことにもつながるでしょうし、学校運営における「構想」のポイントが見えてくるでしょう。

1.「民意」に基づく学校経営を行うためには

　「構想」においては、「情報収集」や「分析」とのつながりを意識する必要があります。その上で、ありたい姿としての「構想」を描く必要があります。つまり、「構想」では「ありたい姿・課題を設定すること」がテーマになりますが、これはあくまでも、「現状の把握」の次にくるものであり、それが前提になって初めてありたい姿の設定ができます。

　少し補足しましょう。こんな経験はなかったでしょうか。校長としてその学校に赴任し、それまでその学校で掲げられていた学校教育目標が納得できず、学校教育目標を変更しようと考えたこと。変更するにあたって中央教育審議会答申や都道府県教育委員会や市区町村教育委員会の教育振興基本計画を熟読し、それぞれの方向性を確認しながら学校教育目標を設定したこと。さらに、校長自身の成功経験や好み等を加味しようと、自身がよく用いるフレーズの中から言葉を選ぶことにこだわったこと。

　また、ご自身がこれまで勤務されてきた学校の経営案を思い返してみてください。学校経営案を読むと、「国⇒都道府県⇒市区町村」の教育目標がこの順に示され、学校の現状分析は殆ど示されていないことに気づくはずです。

　次ページ図 6-1 を参照ください。本書が示す「令和の日本型学校教育」を進めるためのマネジメントでは、確かな「情報収集」・「分析」に基づいた「構想」の必要があることを示しています。

　この点が、ありたい企業ビジョンをまず先行させる民間型のマネジメントと、民意に責任を負う「奉仕者」としての公務員型のマネジメントとの最も大きく異なる点です。学校運営における「目的や目標の設定」とは何かを今一度問い直し、学校教育目標として設定すること。そして、その目標に命を吹き込み、民意に責任を負う目標にしていくことは、校長としての大切な職務です。

　いろいろな校長と話をする中で、多くの校長が「現状把握や情報収集を自分なりにしています」と答えます。ただ、その現状把握には、その校長自身の「偏り」があることを意識してはいないことが多いようです。また、収集

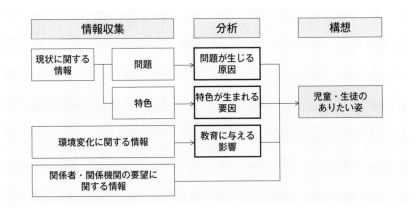

図6-1「情報収集」・「分析」に基づいた「構想」

した情報を基にした「分析」がないまま、このような学校にしようと考え、校長自身の思いだけで学校教育目標を決めていることも多いのも事実ではないでしょうか。

　また、学校教育目標については、昨年あるいは前任者のものを見直すこともせず、その目標がどんな学校でも通用するはずはないにもかかわらず、それを踏襲し続ける校長も全国にはたくさんいるように思います。「学校教育目標は簡単に変えるものではない」という思い込みが蔓延しているようです。あるいは逆に、「学校教育目標などは学校経営にとって重要ではない」と考えている校長が存在するのも事実です。

　いずれの場合も、「民意」による学校教育目標として成立しているわけではなく、校長が決めた学校教育目標になってしまっているようです。だから、地域にとっても、保護者や子ども、そして教職員にとっても借り物の目標になっているのです。現在、全国でコミュニティ・スクールの導入が進んでいます。学校運営協議会で学校教育目標を承認することが求められていますが、その目標がどのような現状把握や現状分析に基づいているのか説明があり、協議がなされた上で承認されているのでしょうか。ややもすると委員の中にも「校長が作成した学校教育目標を承認するのは当然」と勘違いされている方がいらっしゃるかもしれません。もう一度「民意」に基づく学校教育目標について考える必要があると思います。

2. 校長は自分のカラーを出した学校教育目標を「構想」してはいけないのか

　学校教育目標を「構想」する、という問いに対し、皆さんはどのようなイメージをもつでしょうか。ある方は学校教育目標が現状把握によるものではなく、借り物の、例えば教育委員会の「グランドデザイン」として作ったもののコピー＆ペーストであったり、すでに決まっている学校教育目標で用いられている言葉や内容を若干修正したり、というイメージをすることでしょう。またある方は、日々起こる雑多な出来事にどう対応するか、こういう小さなレベルの学校教育目標を想起されるかもしれません。いずれの場合も、学校教育目標が本当の「構想」（目的や目標の設定）にはなっていないのは事実です。校長は、現状把握による「情報収集」を踏まえた上で、しっかりとした「構想」をする必要がありますし、またその「構想」は学校教育目標の形で、現状把握と分析を踏まえた根拠と、教職員のみならず保護者や地域住民の納得、そして校長自身の魂を込めて具体化する必要があると思います。

　「構想」のプログラムでは、決して、自分の価値観を出してはならないとか、集めた情報に基づいて「客観的」「中立的」「クセがない」学校教育目標を描くべき、ということは考えていません。もちろん、情報収集やエビデンスがないまま、自分の「思い」だけで学校教育目標を立てることは、公務員・公教育としてはいかがなものでしょうか。

　他方、自身の確固たる価値観・教育観もなく、収集した事実に基づく無色透明な学校教育目標では、リーダーとして失格でしょう。校長は、他の人ではなく、あなただからこそ採用・任用されたのだということを自覚するべきです。学校教育目標を「構想」する際は、自分の教育観を意識してもらい、自分の教育観を加えた上で「ありたい姿」を描く必要があります。そうでなければ、学校教育目標は、魅力も説得力もないものになるでしょう。

　次ページ図6-2を参照ください。本書がこのようなフレームワークで考えているのは、自分自身を引き続き見つめ直し、自分の価値観や教育観が学校教育目標に入っていることを自覚することが大事で、それに気づいてもらい

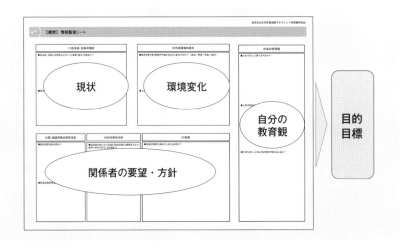

図6-2 考えたことを統合し、構想する

たいと考えているからです。また、その自身の価値観・教育観が、強過ぎる
のか、弱過ぎるのか、他者とどう違うのか、に気づいてもらう必要がありま
す。自身の価値観を自覚し、向き合い、そして、それを適切に位置づけ、自
身の強みを発揮し、「構想」することが、経営者・リーダーたる校長には求
められているのです。

　これまで「民意を反映した学校経営」ということを強調してきましたが、
学校が民意を把握する、民意に沿う、そうした学校経営を行うというのはな
かなか難しいことです。国、県、市町村には議会という民意を反映させる仕
組みがあるのに対して、学校にはそのような制度がないからです。もちろん、
首長や、教育委員会を通じて、民意が学校に反映するようにはなっています
が、それとはまた異なるレベルで、つまり、その学校の実情、その学校の関
係者、つまり、**子ども、保護者、地域住民などがどのようなことを考えてお
り、学校に何を期待しているかについて、校長自らが意識的かつ戦略的に把
握を行わなければ、民意は把握できません。**市町村までのレベルでは意識を
しなくても民意の代表であり、民意が自動的に入ってくる仕組みが議会とい
う形でありますが、学校は自分たちが収集しなければ民意が反映されないの
です。このことを校長として強く意識しなければなりません。

しかし、こうした意識をもつことは、意外に難しいものです。多くの校長は、自分のカラー（教育観）を意識的にもしくは無意識的に学校経営に反映しようという傾向が強いようです。前述したようにそのことを否定するわけではないのですが、「民意」を反映しようとする意識をもつことはなかなか難しいものです。なぜならば、自分の目に届く、耳に入ってくる「民意」のみを受け取って学校経営をしがちである校長は、自分の目に届く、耳に入ってくる情報が「民意」であるように誤解したり、自分にとって不都合な情報を「特殊な情報だ」「ごく少数意見だ」と考えたりする傾向があるなど、本来の「民意」に基づく学校経営への意識が薄いことが多いからです。そのような意識の中で学校教育目標を立案しても、バランスに欠けたものになり、校長のカラーのみが強調された目標になってしまいます。そのような目標では学校教育目標を「構想」したとは言えません。

　もう一つ、校長として「ありたい姿を構想する」際に、問題としてフォーカスしているのか、理想像として作るのか、言い換えれば、解決しなければならない問題なのか、前向きなビジョン的なものなのかによって、「目的や目標の設定」の内容が異なってくることがあります。このプログラムを用いた研修を重ねる中で、ありたい姿が理想像なのか現実的な課題を解決するための姿なのかディスカッションすると、それぞれの視点から意見がグループに分かれます。前者が、地域社会の願い等を受けて「ふるさとを知り、ふるさとを誇りに思う子どもを育てたい」というような姿で表現されることになるのに対し、後者は、生徒指導上の課題を解決するために「進んで課題を見つけ、その解決に向けて協働で取り組む子どもを育てたい」という姿で表現されます。ディスカッションの中では、「ありたい姿としては、どちらが理想的なのか」ということがよく話題になりますが、この辺りも、校長の「クセ」であり、強みないし弱みであるとも言えるので、どちらがよいというわけではなく、それを自覚しながら学校経営を進めていくであれば、どちらでもよいのかもしれません。

　また、「ありたい姿」について言えば、抽象的なものではないことが大事です。同時に子どもの姿で示すことが大事です。それは、最終的に実現したい姿のことですが、市町村、県のレベルとは異なり、校長の言っていること

が教職員によく分からなければなりません。このありたい姿は、あくまでも子どもの姿であって、「教職員の姿」がどうあるべきか、ではありません。というのも、第1に、「目的や目標の設定」は、子どもの姿であることによって、子どもたち自身も理解でき共有でき、保護者とも、地域の人とも共有することができるのです。第2に、子どもの姿である意味は、自分たちの行為を目標にしているのであればその行為だけをしていればよく、達成する必要はないということになってしまいます。だから、「目的や目標の設定」は、子どもの姿で示す必要があるのです。

3. 「目的」、「目標」、「方策」の整理

　本書でいう「構想」を説明するにあたり、用語の使い方を整理しておきたいと思います。「ありたい姿」は「目的」と「目標」の2つから成り立つと考えています。そして、「目的」と「目標」についてですが、教育基本法、学校教育法は、「目的」と「目標」で整理されており、「目的」が上位概念であり、それを達成するための具体的なものが「目標」とされています。本書でも、図6-3に示したように、これにならっています。
　この点、こうした学校組織マネジメントに関する用語の使い方は、各学校、

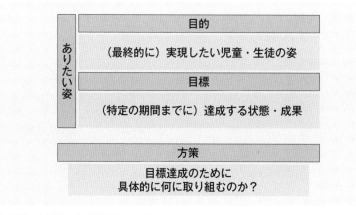

図6-3 目的から方策までが一貫性を持つことが大事

自治体によって様々だと思います。例えば、「学校教育目標」は、学校における最上位概念です。その意味では、「目的」ですが、言葉としては「目標」になってしまっています。この辺りが、混乱を招くものだと言えます。この「構想」プログラムを通して、「目的」としての学校教育目標の下に、「目標」としての学校重点目標があり、その「目標」を具体的に実現していく「方策」が、学校における教育課程であるということで頭の中を整理してもらいたいとも思います。つまり、「目的」、「目標」、「方策」には一貫性が求められるのです。

　その際、「目標」は、「目的」よりも、具体的でなければなりませんし、定量目標・定性目標問わず、次の要素（SMART）を踏まえたものになっていることが望ましいのです。

　すなわち、次の5点です。

①	Specific	：具体的になっているか？
②	Measurable	：結果が測定可能か？
③	Agreed upon	：同意して、達成可能か？
④	Realistic	：現実的で成果を重視しているか？
⑤	Time oriented	：期限が明確か？

　例えば、「確かな学力を身につけ、自ら学び、共に伸びる子ども」という目標を検討した際に、5つの要素の何を満たしているのでしょうか。どの要素も満たしていないことが容易に判断できます。このような視点で、自校の学校教育目標を見返してみてはいかがでしょうか。「目的」「目標」そして「方策」について、具体的にイメージできることでしょう。

　ここでいう「構想」は、最近よく学校運営上用いられることが多くなった「ビジョン」と同じように理解してもよいでしょう。一般的に、経営学で言った場合、「ビジョン」は、「魅力」の比重が大きく、また、思いが入っており、見通しがもてるものであり、周りがやりたくなるものというような条件が含まれています。もっとも、経営学で言われる場合、ビジョンには、「民意」が欠けているでしょう。また、公教育では、例えば学力を上げるとか最低限

保障しなければならないものがあります。こうした点で、一般的に言われる「ビジョン」と、ここでの「構想」とは、微妙にその意味は異なってきます。

4．学校教育目標を「構想」する過程において重要な視点とは

　校長一人で学校教育目標を手掛けても、得てして独りよがりな表現になりがちです。大切なのは、他者と交流することによって、「構想」する際の自身のクセに気づき、また、「構想」の質を他者とのディスカッションを通じて高めるということが大切です。その際の他者とは教職員のみならず、保護者・地域住民、何より児童生徒を含みます。それぞれの考えやその考えを支える根拠を往還させながら練り上げていく過程をとても大切にしなければならないのです。

　また、次に、「構想された学校教育目標」を対外的に説明すること、つまり、その「構想された学校教育目標」にした根拠、エビデンス、論理一貫性をもつことが必要になりますし、地域住民に理解できる言葉で、言い換えれば、学校や教育行政に関わる者だけが理解できる、いわゆる、業界用語、業界ルールではなく、「教育ムラ」の外部に通じ、納得してもらえる言葉で説明する意識をもってもらいたいというのがあります。

　ありがちなことですが、学校の職員間では理解できているのに、そのロジックが「世間」では通じないことがあります。こんな経験はなかったでしょうか。その年度の学校評価を総括するために学校評価委員に学校の課題である「学力向上」について学校の取組や成果について縷々説明した後の協議で、学校が意図した取組についてなかなかご理解してもらえず、意見がすれ違う場面に出くわすような場面です。ある委員は「もっと学校で読み書き、計算のドリル学習をすべきだ」と言い、別の委員は「読書教育に力を入れて、読解力を挙げる必要がある」と図書館教育の必要性を力説する。その挙句に「本校の学力が低いのは、家庭に問題がある。もっと家庭に家庭学習の必要性を訴えるべきだ」と学校の取組ではなく家庭教育に議論が進んでいき、結局、

何が成果で何が課題であるかが不明確なまま会が終了する。

　こうしたことが起きるのは、職員間では何となく課題の共有が図られていたものの、学校が分析した課題や説明の言葉が業界用語になってしまっており、委員に伝わっていなかっただけでなく、目標自体が大き過ぎて取組が総花的になってしまっていたことが予想されます。

　しかし、「社会に開かれた教育課程」の実現においては、学校と、学校外との意思疎通、合意をきちんと作れること、作ろうとすることが、校長にとっては大事になります。また、「民意」を踏まえて学校を経営しているのだということを、地域の方に伝わる言語で説明できなければなりません。

　教育の専門家ではない人に、いかにして分かりやすく物事を伝えるのかということを日常的に意識することは、なかなか難しいことです。伝えることより、「伝わること」の難しさを感じます。ややもすると校長は、学校の説明を分かってもらおう、自分たちの考えを通そうとしてしまいがちですが、おおむね失敗に終わることが多いです。重要なのは住民の声を聴こうとする姿勢です。「学校教育目標を構想する」ために他者と協議をする際、どうしても自分の考えと異なる考えを突っぱねよう、自己の考えを正当化しようとしてしまいがちです。しかし、その態度、そこで表れているものが、学校の在り方として適切なのか、民意の反映として適切なのか対象化してみることが大事です。

　ディスカッションする中で、「何をするんですか」と達成に向けた具体策に議論が向かってしまうことが多いのですが、意味のある「構想」を立てるためのポイントはそこではなく、「どうやるんですか」「なぜやるんですか」を問い続け、現状把握や分析の結果を踏まえた「構想」をしているかを常にチェックすることにあります。

　ワークショップにおける参加者のディスカッションにおいても、「構想」の意味を理解したはずの受講者が、「以前、同じような課題を有する学校に所属していたのですが、こんな取組をしたら学校が機能し始めました」、「最近、学力向上について先進的に取り組んだ〇〇学校の事例を取り入れたらよいのではないでしょうか」といった過去の経験や成功事例に依拠してしまうような思考に後戻りすることがあります。思った以上に、「構想」する際に、

「何をするんですか」という思考から、「どうやるんですか」「なぜやるんですか」という問いをもち続けることはそう容易いことではないと感じます。だからこそ、自分のクセを意識しておくことは必要なのでしょう。

　学校関係者ばかりの集団だと、学校に近い立場からしか議論ができないことが多く見られます。また質問に対する回答も、専門用語をそれらしく並べてしまい、納得してしまう、すなわちお互いに学校の中だけで共通理解して終えてしまうこともあります。

　よく学校教育目標に表現される「豊かな心」「確かな学力」「たくましい体」といったマジックワードがあります。こうしたマジックワードが指している内容を問われると、意外に人それぞれであった経験はないでしょうか。学校がこうしたマジックワードを用いると、学校関係者以外の方は、「教育のことは学校に任せておけば大丈夫」と誤解してしまう可能性が大きいように感じます。これまで、学校はこうしたマジックワードを用いることで、自身の思考も、ステークホルダーの思考も封じてしまっていたのではないかという視点を、校長としてもっておくことはとても重要なことです。

　市議会議員・新聞記者・子どもの祖父母という、学校外部の方からの素朴な問いかけが、学校関係者に気づきを産むことがあります。例えば、学校関係者の中では「生きる力」と言えば、学習指導要領で示された内容と関連づけてある程度具体的にイメージできていると考えがちです。しかし、子どものおばあちゃんから「先生、生きる力って、もっと分かりやすく具体的に教えてほしい」と質問された場合、校長が考えていた「生きる力」と、教職員が考えていた「生きる力」とに意外にギャップがあったことに気づくはずです。学校関係者が頻繁に用いるマジックワードほどこうした視点を意識しておく必要があるでしょう。**つまり、常に「教育の専門家ではない方」に理解していただく意識をもつことが必要です。**

　「構想」する際のディスカッションでは「コンセンサスの取り方」を意識しておくことも重要です。例えば、こうあるべきだという人が教職員もしくは地域住民の中にいて、その方に引っ張られてまとまってしまいそうになることがあります。学校教育目標を「構想」する際だけに限らず学校では起きがちなことですが、そのような集団内でのハレーション、緊張はつきもので

す。そこをどのように突破し、「構想」としてまとめていくのか。その過程こそが、飾りとしての学校教育目標ではなく、関係者にとって達成したいと願う「構想された学校教育目標」に近づける上で重要な役割を担っています。だからこそ、「構想された学校教育目標」は校長だけで作るのではなく、地域、保護者、学校運営協議会の意見を聞いて作ることが必要になってくるのです。

　その際もう一つ大切なポイントがあります。それは校長として自身の思考のクセも自覚しておくことです。ロジカルに、根拠をもって結論を出そうとする際にも、その人の思考のクセが出てくることを自覚した上でディスカッションするのか否かは、学校教育目標の正当性を担保する上でとても重要です。例えば、学校の中では「情報収集も分析もなく、構想をしているのではないか」といったことや、「意見の強い人に引っ張られている自分」「自分の考えをうまく伝えられない自分」を意識しているかどうかで、ディスカッションの質も違ってくると思います。自身の考えに固執し、他者の意見に反発する参加者がいるとすれば、誰の意見が客観的で説得的かを投げかけてみることも必要でしょう。また、そのような場合に、原点に戻り、自分自身が「情報収集」、「分析」ができているかを自身に問うてみることも大切です。そう問われた際、「以前の学校では」と得意げに語っている校長自身に周囲が、校長自身が自身の経験で語ろうとしていたことに気づくことがあります。そのような中で、自身の経験に基づいて判断をしがちだということに気づくことは、とても有意義なことです。

　つまり、学校教育目標の「構想」を練り上げる中で、自分の何が偏っているか、自分の性格が分かるし、学校の組織の中身、教職員の背景も考えることができます。「構想」を練り上げる過程ではエビデンスを基に検討し続ける作業が必要になり、その点で、「情報収集」や「分析」とは少し異なります。関係者にあえて「全員が納得するに足る結論を出そう」とわざと負荷をかけてディスカッションを進める方法もあります。

5. ありたい姿を考えるプロセス

　最後に「構想」について総括しましょう。学校教育目標を「構想」する校長として考えてほしいことは、「今までは自分の教育観だけでやってきたのではないか」ということであり、それだと、校長として作り上げた学校教育目標は、クセや経験のかたまりに偏っている可能性が高いという自覚です。そうではなく、図6-2に示したように「現状」「環境変化」「要望方針」をしっかりと踏まえて「構想」する必要があることに気づくことであり、「構想」する際のフレームを理解した上で「構想」を練ることです。また逆に、自分の教育観を避けることなく、自覚的に組み込んでいくのがリーダーです。自分はどんな校長なのか、どこに位置しているのかを自覚することが大事です。「現状」「環境変化」「要望方針」だけでは不十分であり、「自分の教育観も自覚的に組み込みました」というメッセージも重要です。校長自身が偏っていること自体は怖いことではありません。むしろ、自分の偏りに無自覚だったことの方が、公教育の責任者として怖いことです。自分の偏りに無自覚だった自分から、自覚的になった自分へと変わることが、リーダーには必要なのです。

本章のポイント

① 「学校教育目標」は「民意」を反映させる必要がある。そのための仕組みとしてコミュニティ・スクールは有効である。

② 「目的」「目標」「方策」の意味を理解し、自校の目標が目的になっていないか再確認する。

③ 学校教育目標に「校長自身の教育観を反映させる」つまり校長のカラーを出すことは重要である。しかし、そのことを校長自らが自覚しておくことも重要である。

④ 「情報収集」「分析」同様、校長は自分の思考のクセを自覚する必要がある。

（澤野幸司）

| Column6 |

教育行政から見えること ～学校のピンチは、学校のチャンス～

　「自主的・自律的な学校運営を目指そう」と校長会で話をすると、多くの校長は納得し、嬉々として学校へ戻ります。その後、学校で教育委員会からのお墨つきを武器に自分のやりたいことを始めます（根拠なく、何も始めない校長はもっと問題なのですが）。ところが、本書に書いているような前提がないまま、校長の思いのみで自分のやりたいことに着手すると、必ず壁にぶつかり、保護者や地域から反対意見が寄せられます。そして教育委員会へも反対意見が届きます。具体的には、教職員や一部の保護者の意見のみを聞き、伝統的に行っていた学校行事をやめようという判断をしたところ、その行事に大きな期待を寄せていた地域住民や保護者から反対の意見が多く寄せられた事例があります。意見を分析すると問題の所在は学校行事をやめることではなく、その過程にありました。結果として学校への信頼が揺らぎ、校長への不信が募る結果につながりました。

　こうした事態が起きた原因には２つの側面があります。一つは教育行政の瑕疵です。自主的・自律的な学校運営に関する校長の資質能力を高める手立てを講じないまま旗を振ってしまったこと、理念（考え）が浸透していなかったこと。もう一つは校長の情報収集不足です。校長にもこうした状況に至った原因をしっかり理解してもらう機会にし、自身のマネジメント力向上の意欲を高める機会にしたいものです。さらに、こうした失敗をどう処理するかも重要です。ピンチはチャンス。この失敗を機に学校と地域とのコミュニケーションを図る機会にすれば、学校が抱える課題を保護者や地域の方に理解していただく大切な場になるとも考えられます。学校行事をやめようという学校内での議論では、目標や方策が変わり、目標達成のためにこれまでとは異なった視点での教育活動プログラムを計画実施する必要性があったことを関係者に説明します。地域の方からは、これまでの伝統に対する地域の願いや期待が語られます。対話を重ね、納得解が見出された際、学校と地域にもたらされた宝物は何か。それは相互理解であり、ともに目指す子どもを育てていこうという機運の醸成です。学校のみならず、地域においても前例踏襲・学校依存マインドからの脱却と新たな教育に向けての協働マインドを高めることにつなげたいものです。

（澤野幸司）

第 7 章

マネジメント・プロセス4
「企画」

―――――― 本書における「企画」とは ――――――

　ここで言う「企画」とは、一般的に想起される「計画」や「企画案の立案」そのものを指しているのではありません。目的や目標が明確になった組織において、職員から出される様々な案に対してどのようにすれば、より効率的に、そして効果的なものにして具体的な教育課程にまで落とし込んでいけるのかということであり、そこまでの一連の流れを「企画」と表現しています。

　つまり、本書における「企画」とは「企画案の立案」ではなく、「具体的な実行計画として教育課程に落とし込んでいくための活動」に対してあなたのマネジメントを働かせることで、職員が主体的に動ける組織をつくり、さらに組織が活性化されるようにすることです。このようなことを前提に、本章を読み進めていただくとよいでしょう。

1. はじめに

　さて、ここまでの章で、学校教育目標を「構想」するところまで進んできました。学校は校長のマネジメントにより、地域と学校が一体となって作成した目標が明確にあり、職員がそれぞれ自分のすべきことを自覚した活性化した組織です。地域の特色を生かした、自主的で自律的な経営ができている、地域の未来を担う子どもが育つ地域の学校は、本来そうありたいものです。

　どうすればこのような学校に近づけるでしょうか。「新しい発想」を皆さんが今考えていることにプラスして持っていただくこと、そのことが「令和の日本型学校教育」をつくっていく一助になるのではないかと私たちは考えています。

　では、そのような学校づくりを進める中、職員に校長のメッセージをどう伝えるのか、職員にとってアイデアが想起しやすい組織になるためには、あなたはどのようなことを意識すればよいのでしょう。

　本章では、このことを一緒に考えていきたいと思います。

2. 校長として、検討基準をもつ

❶ 検討基準を持つことの意味

　目的、目標、方策について一貫性が必要であることは、ここまでの章で述べてきました。これらに対して、職員はどのようなことをすればいいのか様々なことを考え始めます。

　例えば、部活動に関するもの、学力向上に関するもの、生徒会活動に関するもの、特別支援教育に関するもの、ICT教育に関するものなど、様々な分野からのアイデアがあるでしょう。担任が学級活動を考えるように、養護教諭なら健康づくりに関するものを思い浮かべるかもしれません。それぞれ担当している分掌や職種により、思いつくアイデアも多岐にわたるはずです。

　極端な言い方をすれば、20人いる組織なら20の、30人いる組織なら30の、

もしくはそれ以上のアイデアが湧き出てくるような、ワクワクできる組織であってほしいものです。そして、そこでは職員が自由闊達に語り合っています。「こんなことをすればどうだろうか」、「こんなことがしてみたいけど、管理職はどう言うかな」、「ここまでなら OK かな」、「これはダメだと言われるかな」とあれこれ思いを巡らせ、迷いながらも、何とか自分が考えたことが実行できるように先輩や同僚に話したり、教頭に相談したりする姿も見られることでしょう。

　そのような様子を見ることができれば、本当に嬉しいことであり、学校づくりを担う校長だからこそ感じられる醍醐味です。校長のやりがいであり、学校経営への自信にもなります。

　このように多くのアイデアが想起される状態に、効率よく校長の考え方、メッセージを浸透させるには、「私はこういう考えや価値観を持っています」ということを伝えることが大切なポイントになります。この考えや価値観は、アイデアが企画案になっていく、その時校長がそれを評価する基準のことです。つまり「検討するために必要な基準」です（以下、「基準」と表記）。この基準には校長の考え方、理念が表れているということになります。

　そして、その基準にのっとって出てきた企画原案をリーダーであるあなたが評価し、認めることと同時に、改善策を考え提案するということが次の重要な関わりです。それが職員の意欲を掻き立てることにつながり、さらに生き生きとした動きにつながります。基準を持つ、そして評価するということは、そのような効果をもたらすことなのです。

　ここで一度、教育課程について職員と会話をしている日常の自分を思い浮かべてみてください。どのアイデアが目的や目標に近づけるのか、職員が考えていることに対して「あんなことをすればいいのに」とか、「こうすればより目標に近づけるのになぁ」とか、「惜しいな、もう少しこういう視点があればよいのに」などと言葉に出さなくても、あなたの中にはきっと、そのような考えがよぎっていることでしょう。

　その時、特に意識はしていないかもしれませんが、自分の中にアイデアを見るための視点として、「これはいい」「これはだめ」といったような、一定の線引きのようなものがあり、その視点で考えているはずです。では、その

線引きはどこからきているでしょうか。そこには「これは○○だからよい」とか、「これは○○だからだめ」といった根拠となるものはありませんか。

それが「基準」です。漠然とあるこの基準、これを校長として自然の流れや普段のコミュニケーションの中で伝えることができればよいのです。

❷ 2つの検討基準に分けること、そして、そこにあるもの

さらに、この基準には校長として理念上「絶対に譲れないもの」があるはずです。外すことができない、強い基準です。その一方で、もう少し緩やかであってもいいもの、「できればこれはクリアしてほしいけど、優先事項が他にあるからよしとする」といったものがあります。

基準はこの2つに大きく分けることができます。基準におけるこのような分類を、本章では、絶対に外せないものを「MUST基準」、緩やかなものを「WANT基準」という表現で表しています。これは簡単に表せば、図7-1のようになります。

ただ、実際にはこの2つを区別せずに考えていることが多いかもしれません。しかし、これをはっきりさせておくことが、組織によい影響をもたらします。何がMUSTであるのか、何がWANTなのかがはっきりしていることで、職員はアイデアが出しやすくなるのです。

例えば、図7-2のような架空の学校の事例で考えてみましょう。

まず、目的、目標、方策との一貫性があるか、その連鎖性を考えなければ

MUST基準	●その方策の実施にあたって、絶対に満たさなければいけない基準・条件 ●満たしていなければ、方策案として採択しない（絶対的条件）
WANT基準	●その方策の実施にあたって、できるだけ満たしたい基準・条件 ●必ずしも満たしていなくても、他の基準を高いレベルで満たしていれば、方策案として採択することもある（相対的条件）

図7-1 MUST基準とWANT基準

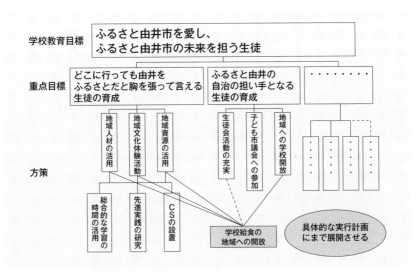

図7-2 朝日南中学校の学校教育目標および重点目標（事例は全て架空のものである）

ならないのは当然のことです。その上で、例にあるような「学校給食の地域への開放」というアイデアが職員から出されてきたら、あなたはどのような基準を持って考えますか。

「食物アレルギーや食中毒に関した安全を確保すること」、「地域の人と子どもたちが一緒に食事をとること」、「できるだけ地元食材が活用できること」、「新たな予算が発生しないこと」、「職員の負担が増えないこと」など、この他にも多くの基準が浮かぶと思います。

ここで押さえておきたいのは、基準の数や内容の是非ではありません。その基準が、多様なアイデア、その全てを貫く基準であるかということです。

一つの例示として「給食の地域への開放」を挙げましたが、図7-2に示す方策について出される具体案は、給食に限ったものだけではありません。例えば、「地域の祭りや清掃活動に生徒を参加させる」といったアイデア、「避難訓練を地域の人と一緒に実施する」、「学校の文化祭で地域のクラブ活動をしている人たちと吹奏楽部がコラボする」といったもの、様々なことが考えられます。これらのアイデアに対して、校長としてのあなたの基準がどうであるのか、ここが大切なことであり、どのようなことにも当てはめて判断で

きる基準でなければなりません。

　このことは、「給食の地域への開放」のための基準として表した言葉、その表現を言っているのではありません。**校長の判断基準は、どういう価値観からきているのかということであり、その基準が他の全てのアイデアを貫くものであるか、ということです。つまり、アイデアによって基準となる言葉の表現は変わっても、その根っこにあるもの、もとになるものが変わるようなことがあってはならないということです。**

　そして、この時、あなたの基準がしっかりと職員に伝わっていれば、職員がこれを企画原案にする際にそれを踏まえた案が出されてきます。

❸ 検討基準に影響を与えているものを自覚する

　基準を持つこと、MUST 基準と WANT 基準の 2 つに大別することと同時に、この 2 つの基準に影響しているものを考えることも大切です。これまでの章でも繰り返されてきたように、私たちの行動や考え方にはこれまでの経験が大きく影響しています。したがって、ここで考える基準もその影響を受けているということなのです。

　あなたは前述のような例に対して、どういう基準を考え、何を MUST 基準、WANT 基準として考えるでしょうか。ここはそれぞれの経験により、違いが大きく出るところだと思います。MUST 基準が多い人、少ない人、そもそも基準そのものが少ない人もいます。

　基準の多さ、MUST 基準の数をはかっているのではありません。その基準が、自分の経験や特性、好みから出されたものではないかということを考えてほしいのです。

　例えば、あなたに MUST 基準が多くあるとします。この場合、あなたは普段から何事に対しても、消極的、もしくは否定的な立場で物事を考えてしまっているということではありませんか。特に、過去に同じような事例で上手くいかなかった経験がある場合には、それに囚われ、「失敗するのが怖い」、「同じような失敗はしたくはない」という思いから、MUST 基準が多くなる傾向はないでしょうか。失敗できないという思いは役職が上がるほど強くなるもので、ましてや校長は学校の最終責任者です。そういう職の立場も大き

く影響しているかもしれません。

　繰り返しますが、MUST基準が多いことがだめだと言っているのではありません。MUST基準、WANT基準、どちらにも自分の経験からくる「クセ」や「偏り」が影響していること、これを自覚してほしいのです。ここまでの「情報収集」、「分析」、「構想」という3つの章を通して考えてきたこと、そこから導き出された基準であるか、ということを考えてほしいのです。そのことが自覚できていないと、単なる校長の個人的なこだわりから出された基準が正当化されることになり、職員にとっては理解も納得もできないものになってしまうということです。

　ただし、客観性や正当性があったとしても、やみくもにMUST基準が多くあり、ダメ出しばかりになれば組織は委縮します。そうなると、アイデアが想起されにくい組織になります。MUST基準が「制約」として使われ出すと、ダメな条件を探し始めてしまうということになりがちです。本当にそれはMUST基準でなければならないのか、WANT基準にはできないものなのか、まず自分に問い返してみてください。そして、WANT基準となるものは、何が優先されるべきことなのか、いくつかの基準に優先順位を持っておくとよいと思います。

　その上で絶対外せないものを除き、同じ基準であってもMUST基準ではなく、WANT基準という職員への期待に置き換えて伝えることができれば、職員の発想はより豊かになり、組織の動きが確実に活性化することでしょう。

❹ 職員に検討基準を伝えるということ

　また、このような基準に対する校長の姿勢が、日頃から職員に伝わるようにすることも大切です。

　基準の伝え方は、本書第10章の「ディスカッション」において言っているように、時には「直接的に」であり、時には「間接的に」であってよいと思います。改めて機会を作るというのではなく、日常の会話で、あなたの考えていることを意識して伝えることができればよいのです。そこから、職員があなたの持っている基準を感じ取れるようにすることです。ここは、リーダーからの「語りかけ」であり、あなたの「伝える力」が問われる場面です。

つまり、企画原案を検討する段階は当然のことですが、そこに至るまでの日常交わされる職員との会話、コミュニケーションの中で、校長の考え、価値観が職員に伝わっている組織は、職員にとって企画を考えやすい組織であるということなのです。つまり、どうすれば実行できるアイデアになるのか、あなたの基準を分かっていることで、職員の発想も同じ方向に向きやすくなるということです。

ここまでを振り返ると、「MUST 基準」、「WANT 基準」というこの 2 つの基準を持つことが、あなたにとっては、職員が多様なアイデアを持って、自主的・自律的に動ける組織をつくることにつながるものであり、共に働く職員にとっては、目標達成に向かって様々なアイデアを想起しやすくするためのものだと言えるでしょう。

3. 評価し、改善する

❶ 基準を使って評価する

本章で言うところの「企画」が何を指しているのか、冒頭で説明しました。それは、図 7-3 のような手順になります。

ここまでの項で述べてきたのは、この図が示す①〜③にあたります。つまり、「基準を持つこと」、「それを明確にしておくこと」、「MUST 基準とWANT 基準に分類すること」が、まずしなければならないことです。

次に必要なのは、その基準での評価です。図が示すところの⑤です。これはあなたも、無意識に行っているはずです。職員から出されたアイデアに対して、「これはいい」「これはちょっと考え直す必要があるな」と考えて、「もっとこうした方がいいね」というようなアドバイスは、校長として職員にしているはずです。

そのことをどのようなアイデアであっても、同じ基準、明確にした基準でもって行い、さらにその評価したアイデアに対して、どうなれば基準を満たして、もっとよいものにできるのか、改善策を示してやれるように意識し、そしてそれを職員に伝えることです。

①目的・決定事項の明確化	何のために、何を決めるのかを明確にする
②検討基準の明確化	この企画を検討するための基準となる 期待する成果・クリアすべき条件を明確に する
③基準の分類と優先順位づけ	検討基準を、MUST基準とWANT基準に 分けて、WANT基準に優先順位をつける
④企画を起案する	目的と基準を踏まえた案を作成、起案する
⑤企画案の評価と改善	企画案を検討基準に沿って評価し、 改善案を考える
⑥最終決定	決定する

図7-3「企画」における手順

　このことについて、例をもとにして具体的に考えてみましょう。例にするのは先に挙げた「給食を地域に開放する」です。

　当初、アイデアの段階であったものが、次ページ図7-4のような正式な企画原案となって職員から出されてきました。ねらいも、内容、計画も描かれ、職員の思いがよく分かるものになっています。

　この企画原案を見た時、あなたにはきっといろいろな基準が浮かぶと思います。例えば、これに対してあなたが持つ基準が次のようなものだったとします。

　　○　MUST 基準　→・食の安全が確保できること
　　　　　　　　　　　・生徒と地域の人が一緒に給食をとること
　　○　WANT 基準　→・なるべく職員の負担が増えないこと
　　　　　　　　　　　・できる限り地元食材を使うこと
　　　　　　　　　　　・地域住民が生徒に食事マナーを教えてくれること
この基準に照らし合わせて、どう評価しますか。MUST 基準の「職の安全が確保できること」について、「参加者への料理の一品持ち込みの依頼」があることからダメだという評価になるでしょうか。またランチサービス企画という内容について、職員の負担増となると予測されることについてはどう

「学校給食の地域への開放」企画原案

プロジェクトチームから、以下の企画原案の提案がありました。

1 企画名称

学校給食の地域への開放

2 ねらい

(1)安心・安全な学校給食を地域に開放することで、いままでの学校給食という枠組みを超えた地域と学校の新しいあり方の一環として給食を捉え直す。

(2)地産地消と同時に、生産者その本人と消費者である児童・生徒がお互いに顔を合わせることで、子どもたちが地域を考えるひとつのきっかけとする。

(3)地域の食堂として学校給食を活用することにより、地域の方々が学校へと足を運び、地域のコミュニティとしての学校づくりの推進を図る。

(4)世代を超えた交流により、高齢者に対して、福祉の向上やふれあいを深める機会とする。

3 内 容

(1)ゆいランチサービスシステム
中学校における給食を1か月前までに申し込むことで、当日、生徒とともに給食を摂ることができるシステムの構築。そのためには、学校のホームページ・学校だより等からの案内と申し込みシステムを構築する必要がある。

(2)地域住民への協力依頼
食事の際、子どもとの積極的な会話や指導をお願いする。

(3)参加者による料理一品の持ち込み企画
来る人には、一品を1クラス分持込むようお願いする。

4. 研究計画

5月	研究計画の策定	10月	課題の検討
6月	システムの検討①	11月	第2回試行
7月	システムの検討②	12月	課題の検討
8月	システムの検討③ 調理室の改造	1月	第3回試行
9月	第1回試行	2月	研究のまとめ

図7-4 企画原案（例）

でしょう。

❷ 評価を伝える

　あなたはここで行った評価を、校長として職員に伝えなければなりません。

　この時、職員に伝えなければならないのは「評価の結果」だけではありません。もちろん**結果を伝えることは必要ですが、この場面で特に意識してほしいのは、「なぜ、その評価になったのか」というプロセスであり、それと併せて、改善内容が職員に伝えられているかということです。**

　「クリア」しなかったことに対して、「この点をこのように修正できれば、クリアできるようになる」ということを職員に伝えなければなりません。例えば、上記の例で「一品持ち込むことで安全が確保できないこと」がMUST基準に抵触すると判断した場合、どうすればその基準をクリアできるのか、またシステム構築が職員の負担増となると判断した場合、それをどうすれば防げるのか、職員の企画原案に足りないものは何か、修正すべき点を明確に伝えることができるでしょうか。

　このことが丁寧にかつ分かりやすく職員に伝わるか否かで、その後の職員の動きは変わります。この場面においても、校長の伝える力が必要だということです。

　こうして考えれば当然のことですが、校長は常に職員に向けて語りかけること、リーダーの考えを伝えることを意識し続けなければならない職だと分かります。

　さて、ここまで「企画」のポイント、基準を持つこと、その基準で評価し、改善策を考えることをお話してきました。本章では一つの案を例示しました。ですが、これまでの自分の経験をもとに、このような発想があったかどうかを振り返る、または、このような発想があったらどうだっただろうかと考えれば、より分かりやすくイメージできるのではないかと思います。例えば、新しい行事を行う時、これまでの活動を見直す時、と思い出してみれば、多くのことに思い当たるでしょう。その際には、校長になってからのことだけでなく、自分が企画原案を出す立場だった時のこと、実際に出した時のことも思い出してみてください。

4. まとめ

　最後に、「企画」全体を振り返ってみましょう。「企画」には、図7-3が示すように6つの手順があることをお話ししました。この6つの手順は、じつは、図7-5のように大きく3つに分かれます。

　1つ目のステップは、日常のコミュニケーションレベルの中で行われることです。前述のように、日常から校長として職員に自分の視点を伝えることができているかが大きく影響するところです。そして、2つ目のステップで職員から企画案が出されます。3つ目のステップは、企画レベルでのやり取りです。ここで出された企画案に対して、校長として「評価し改善策を考えられるようにする」というステップを経て、企画が「(案)」ではなくなり、実行に移されていきます。

　この一連のステップの中で、校長は「企画」というマネジメントをします。この「企画」のマネジメントにおいては、あらかじめ基準が分かるようにしておくことで、次のような効果が期待できます。

> ・目的や基準に即した方策案が企画できる（上がってくる）
> ・複数案の場合、同じ基準で評価・決定することができる
> ・効果的な改善案を考えることができる
> ・決定の理由を明示でき、納得感が高まる
> ・基準作りから、必要な関係者を巻き込んでおくことで、決定後の実行がスムーズになる

　あなたの前には、判断を待っている職員がいます。職員のアイデア、企画原案に対して、なぜいいのか、どこがいいのか、あなたの言葉で伝えることから始めてください。そして、さらにブラッシュアップするためには何が改善すべきことになるのか、職員が納得できるように具体をもって示してください。

　学校で往々にしてあるのは、「したいこと」が唐突に出てくることです。

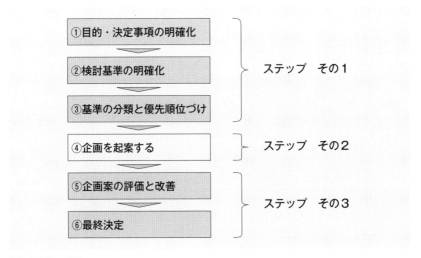

図7-5 企画の3段階

例えば、こんなことがありました。

「学校の地域学習から発展させて、子どもたちの活動として、地域の良さをSNSで発信できるようにする」というのです。GIGAスクールが推進されている、今の時代を感じさせる提案です。しかし、何をするかから始まる提案であり、学校教育目標、重点目標との一貫性をどう考えたものであるのかが見えるものではありません。重点目標からつながるものではあるのですが、学校教育目標への道筋が見えないだけでなく、どのような基準をクリアすべきだと考えているのかは見えない提案です。

このような発想、案の出し方は、特に経験の浅い職員に多く見られる傾向にあるように思います。

本来はどのような案であっても、職員から出される案に時間をかけて検討できるのが理想です。しかし多忙な日々の中で、その全てにそのような時間をかけることは実際には難しいのが現実です。だからこそ冒頭お話ししたように、基準があなたの中にあり、それが職員に伝わっていれば効率的かつ効果的なマネジメントができるということになります。上記の例にしても、このようなことが組織に浸透していれば、誰かがそれを支援することでよい企画原案として出されるようになります。

校長として日々職員と向き合う中で、このような校長のマネジメントが組織にもたらす効果、その効果は校長であるあなたが一番感じていくことになるでしょう。

　最後になりますが、第3章から第6章で繰り返し伝えてきたことと同様に、「企画」においても、校長としての自分を知ることが大切であることに変わりはありません。なぜなら「自分を知ること」、「それを自覚すること」は、このマネジメントのスタートだからです。しかし、それは目的ではありません。自分を知り、自分に問い続けること、その自覚を持ったマネジメントができるかであり、それが令和の中で先を行く「新しい学校」をつくることになる。プログラムの真の目的はそこにあります。

　Society5.0の時代はすでに始まりつつあり、社会は劇的とも言える変化の中にあります。その一方で、新型コロナウイルス感染症が大きな社会の危機として私たちの前に立ちはだかったように、また新たな危機が訪れるかもしれません。これだけ科学が発達した世の中であっても、自然破壊に歯止めがかからず、世界各地で想像を超える大災害が続いています。予測のつかない不確実で混とんとした時代でもあります。子どもたちはこの中を自らの力で生き抜いていくのです。長い間教育に関わってきた私たちですが、従来の価値観が通用しない時代になった、そう思います。

　しかし、そのような時代だからこそ、「教育」の果たす役割は大きく、その真価が問われる時だと言っても過言ではないと思います。「今」を生きる、そして「これから」を生きる子どもたちのために、地域、そして日本の未来のために、「持続可能な社会の担い手を育む教育」の実現を目指しましょう。学校は、子どもたち、地域、職員にとって、夢や希望が描けるところであり、それを実現できる力がつけられる学校でありたいと思います。そのためにはまず、学校の職員が自由な発想で自主的に動ける組織であることが必要です。多くのことが前例踏襲で進められる学校を変えましょう。

　職員も子どもたちも、誰もが輝ける、夢を語れる学校、あなたのマネジメントで、そのような素敵な学校を地域につくりましょう。

本章のポイント

① 検討基準を持ち、MUST基準（絶対的条件）とWANT基準（相対的条件）の2つに分けておく。

② その基準で職員の企画原案を評価し、改善策を考え提案する。その際、評価のプロセスも含めて伝える。

③ 全てを貫く基準による一貫した判断が組織の信頼につながる。

（西井直子）

教員と学校マネジメント

　そもそもマネジメントと言われたときに、教員は何を思うのでしょうか。極端な話、「うまくやっている」＝「マネジメントしている」くらいのイメージを持っている教員もいるかもしれません。私たちのグループでは、令和の時代の学校マネジメントプログラムの考え方を基にした教員向けのマネジメントプログラムも開発しています。そこでは、学級をベースにしたケースを用いながら、令和の時代の学校マネジメントと共通の考え方でプログラム開発をしています。教員やミドルリーダーにも、自主的・自律的な学校経営につながるマネジメントの考え方を身につけてほしいと考えているからです。

　例えば、教員であれば研究授業等で学習指導案（本時案）を書く際に、「（目標と）指導と評価の一体化」という言葉を意識されることは当然のことでしょう。単元の目標と本時の目標に一貫性があるか、また「本時の目標」（めあて）を達成するための学習活動となっているかを当然のように考えます。

　ところで、学級経営では、生活班での活動、係活動がなぜ存在するのでしょうか。当然、（何か）目的があり、そのために生活班での活動や委員会・係活動が存在するはずです。しかし、本来は手段であるはずの生活班での活動や委員会・係活動それ自体が、目的になってしまっていませんか。

　そう考えると、学級目標がその目的になり得るものとなっているか、学年目標、学校教育目標に一貫性があり、目指す子どもの姿で描かれているか、そもそも教職員や保護者、地域の方、そして一番の当事者である児童生徒と共有できているか、という問いも生まれてくるでしょう。

　本質的には、学級経営（教員）でも学校経営（管理職）でもマネジメントは「変わらない」はずです。ただ、見ている（見えている）範囲が、教員は子どもを中心にした限られた世界になります。経験年数が増すことや、職位が上がることで、本文中でも「階層（レイヤー）」という表現をしましたが、あくまで子どもを中心としながらも、保護者や地域（市町村・県）、教育行政、文部科学省、国、世の中の流れといった範囲にまで階層（レイヤー）を広げていく必要性があります。それと同時に、ミクロの視点やマクロの視点のように、自分が今見ている（見えている）範囲が自覚されることで、初めて令和の時代の自主的・自律的なマネジメントができるという話になるわけです。　　（藤田 亮）

第 **8** 章

マネジメント・プロセス5
「実行」

——————— **本書における「実行」とは** ———————

　現在、全国の学校では、「令和の日本型学校教育」の構築に向けて、GIGAスクール構想の実現や個別最適で対話的な授業改善、部活動の地域移行など、大きな変化をもたらす新たな取組が進められています。このような「変革」を成功させるためには、多くのエネルギーや労力が必要であり、職員一人ひとりがベクトルを合わせ、組織が一体となって取り組むことが、これまで以上に求められます。本章では、こうした「変革」にかかわり、**管理職が周囲を巻き込みながら効果的に取組を進めること**を「実行」と呼んでいます。

　前章までは、「情報収集」「分析」「構想」のプロセスを経て、具体的な計画に落とし込む「企画」について述べてきました。本章では、その計画（変革や新しいこと）に取り組む際、管理職は、どのように組織や個人に関与すればよいのか考えてみましょう。

1. 実行の4つのステップ

　「実行」の段階では、「ビジョンを構築し、伝える」、「抵抗者に対処する」、「一里塚をおいて、成果を確認・称賛する」、「見直し、強化する」という4つのステップがあります（図8-1）。この中で、どのステップが欠けても方策は継続せず、成功に導くことは困難になります。それぞれのステップが欠けるとどのような問題が起こるのでしょうか。

　例えば、「ビジョンを構築し、伝えること」が欠けると、何のために行うのか、どこへ向かうのかなど、必要性や方向性が分からないまま進められ混乱が生じます。また、取り組むこと自体が目的化して、教員の負担感の増大にもつながります。

　「抵抗者への対処」が欠けると、抵抗を抑えることができず、抵抗者が増えて、不満が生まれ、取組を円滑に進めることができません。

　「一里塚をおいて、成果を確認・称賛する」ことも欠かすことはできません。一里塚とは、江戸時代につくられた、大きな街道の側に1里（約4km）毎に設置した（土盛り）のことで、旅行者用の目印として活用されました。本章では、大きなビジョンや目標に対しての「経過目標」のことを指します。大きな改革は一朝一夕に実現できるものではなく、時間を要するものです。このステップが欠けると、フォロワーが取り組んでいく中で結果が見えないこ

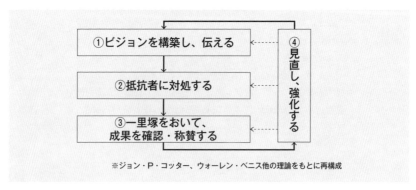

※ジョン・P・コッター、ウォーレン・ベニス他の理論をもとに再構成

図8-1「実行」の4ステップ

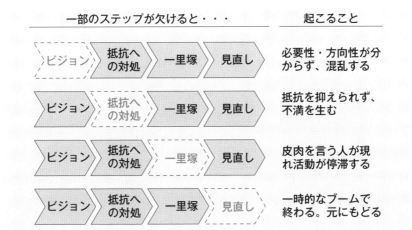

一部のステップが欠けると・・・	起こること
ビジョン 抵抗への対処 一里塚 見直し	必要性・方向性が分からず、混乱する
ビジョン 抵抗への対処 一里塚 見直し	抵抗を抑えられず、不満を生む
ビジョン 抵抗への対処 一里塚 見直し	皮肉を言う人が現れ活動が停滞する
ビジョン 抵抗への対処 一里塚 見直し	一時的なブームで終わる。元にもどる

図8-2 ステップが欠けたときに起こること

とに不安を覚え、その思いが皮肉となって言葉に現れ、活動が停滞します。

「見直し、強化する」ことが欠けると、変革が一時的なブームで終わり、定着することなく、元に戻ります。取り組んだことは評価・改善を行いながらメンテナンスして質を上げていく仕組みをつくることが重要です。学校では、人事異動で職員が大きく入れ替わった途端に変革がストップすることがありますが、このステップを踏まず定着させなかったことに原因があると考えられます。

皆さんの経験を振り返ったとき、これらのステップの中で、落ち込んでいるものはないでしょうか。改めてチェックしてみましょう。

次に、それぞれのステップのポイントについて考えてみます。

2. ステップ①「ビジョンを構築し、伝える」

❶ ビジョンの構成要素

「ビジョン」には様々な定義がありますが、本章では、**「目指す状態を、分かりやすく、かつ魅力的に描いたもの」**とします。学校が組織として機能し、

121

確実に成果を上げるためには、**より先が見通せて未来の姿がイメージできる魅力あるビジョン**を構築し、職員に浸透させることで、主体的で全体的な行動につなげることが重要です。

ビジョンには、次のような構成要素が挙げられます。

> ・方策が実行され、成功したときに、最終的に実現されている状態
> ・実行によって得たい成果・効果
> ・実行にあたって、何を大事にしたいのか／何に注力するのか
> ・影響をうけるのはだれか／どのような影響か

　最終的に実現されている状態、成果・効果などのゴールイメージ、取組のプロセスで注力すべきものなどを明らかにすることで、これまで以上に見通しをもちながら取り組むことができるでしょう。しかし、これらの要素を取り入れることで必ずよいビジョンになるとは限りません。重要なのはビジョンの中身なのです。

　学校のビジョンの多くは、文部科学省の答申や学習指導要領、国や都道府県、市町村の方針、学校や地域の実態を踏まえるといった手順を大切にしています。これは、学校の公共性や民意の反映などの観点から重要なことです。しかし、自治体の方針や他の学校のビジョンをそのままコピーしただけで、**校長自身の教育観が含まれていない、形式的なビジョン**が散見されます。このように力が込められていない、借り物の言葉を使ったものは、薄っぺらに感じられ、人を惹きつけることはできず、魅力は伝わってきません。一方、自分の教育観のみを全面に出しているビジョンに出会うこともあります。自分の教育観を表現することは大切ですが、地域や学校の実態とマッチングしない独善的なものになっているのです。

　さらには、ブラックと言われる教員の働き方、いじめ問題、社会の不寛容など、ネガティブな事象が学校を取り巻いているため、ビジョンにはポジティブな表現が減ってきているように感じます。こうした前向き感や希望を感じられないネガティブなものから魅力を感じることは難しいのではないでしょ

うか。

　このようなことを踏まえると、ビジョンを描く際には、**学校や地域の実態、社会の動向、国や市町村等の方針等**と「**校長自身の教育観**」とを擦り合わせ、**大切にするものを吟味し、自分の言葉で、構成要素の中にちりばめ、希望を感じる魅力的な内容にする**ことが重要です。魂のこもったビジョンにより、職員はその実現に向けて自ら行動しようとするのです。

❷ ビジョンを伝える

　魅力的なビジョンを構築しても、フォロワーがついてこなくては意味がありません。フォロワーを巻き込むために大切なことは、次のような伝える際のポイントを踏まえ、理解と納得を得ることです。

> ・多様な手段、場面を活用する（スピーチ、会議、日常の会話など）
> ・熱意をもって伝える
> ・聞き手の立場や感情を理解し、相手に合わせた内容や伝え方を考える
> ・時には、危機意識を高めるように伝える
> ・自らが率先垂範する
> ・大事なことは、繰り返し伝える
> ・例え話やストーリーを用いて表現する

　多様な手段、場面で、熱意を込めて、相手に合わせてストーリー性をもって伝えることなど、これらのポイントは、職員のみならず、子ども、保護者、地域の方々などに伝える際にも大切にすべき姿勢です。中でも、機会あるごとに、具体的な事象と関連させながら繰り返し伝えることは、浸透させるために重要な視点です。また、いくら熱意をもって伝えても、年度初めの一度だけでは浸透させることは困難です。日常の対話、学校行事の節目などで具体的な活動と関連づけながら伝えることで徐々に浸透するのです。

　ただし、これらのポイントに留意しながらビジョンを伝えても、十分に浸

透しない場合があります。それは、ビジョンそのものに原因があることが多いのです。先に述べたように、校長自身の教育観、価値観、こだわりなどと結びつけられた魂のこもったものでなければ、ビジョンは真に生きたもの、魅力あるものとしてフォロワーに伝わらないのです。

　例えば、管理職選考の面接官を務めた際、または職員の面接の練習を行ったときなどでよく感じるのは、「知識だけで説明しようとしている」、「きれいな言葉、借りてきた言葉しか使っていない」、「熱意がない」ということです。リーダーに必要なことは、**自分が大事にしているもの、考え方の芯となるもの、そして熱量、この人に任せたい、任せたら面白くなるといった期待感**などが伝わるように表現を工夫することであると、改めて感じています。

❸ 自分のクセを理解する

　ビジョンを描き、伝える際には、自身のクセを俯瞰して捉えて自覚することも重要なことです。ビジョンを描く場合、自分にはどのようなことを重視する傾向があるのか、関心が高いものや低いものは何かなどの思考特徴を捉えることにより、校長のひとりよがりを避け、多面的な視点でビジョンを描くことができます。ビジョンを伝える場合には、自分の伝え方にはどのようなクセがあり、その強みや弱みは何かなどについて把握することにより、一層効果的に伝えることができるのです。こうした自分自身の思考特徴やクセは、無意識のうちに表出しているため、一人で気づくことは容易ではありません。そのため、他者と話し合う中で、自分との考え方や表現の仕方を比較してその違いを感じ取ってみたり、自分の経験や行動の傾向を分析したりすることで、自ら気づくことができるのです。そこから見えてくる**自分のクセを自覚し、強みは十分に生かして、足りない部分は他の力も借りて補う**などして、**より魅力的なビジョンを描き、人間的な魅力とともに伝えることで着実に浸透させる**のです。

3. ステップ②「抵抗者に対処する」

● 抵抗者への対処のポイント

　方策を実行し前に進む際には、何らかの抵抗が生まれます。特に、何か新しいことに取り組むときや大きく変えようとするときには、必ずと言っていいほど抵抗者が生まれますが、それはなぜでしょうか。

　様々な理由が考えられますが、新しいことや変わることに対して漠然とした不安を感じたり、慣れ親しんだ方法を変えることが面倒であったりすることが原因の一つとして挙げられます。また、学校現場からは、「校長は『〜をやりましょう！』と簡単に言うけれど、実際に動く我々は大変なのです」といった教員の話を耳にします。現場に近い実務を行う担当者にとっては、新たな知識ややり方の習得、関係分掌や関係者への説明・調整が必要となるなど、新たな負担が生じるために消極的になってしまうこともあるのです。

　一方、すでに、自分なりに変革に取り組んでいたり、別の方策を検討していたりするなど、明確な理由があるときもあります。

　こうした多様な「抵抗者」への対処のポイントとして、次のようなことが考えられます。

> ① 相手に耳を傾け、抵抗の背景・理由を把握する
> ② どうすれば前向きに取り組めるかを一緒に考える
> ③「抵抗者＝敵」ではなく、新しいことや変化への対応スピードの違いと捉える（邪魔するつもりはなく、自分のペースを守ろうとしている）
> ④ 異なる視点や対立する見解から学ぶ
> ⑤ 方策（手段）ではなく、目的や目標のレベルで訴える

　「抵抗者」に対応するときは、何とか説明して説得しよう、分かってもらおうといった気持ちが優先します。つまり、アウトプット中心になりがちです。しかし、校長の知識や経験、立場は、そもそも教員とは全く異なるため、

一方的な説明で、「抵抗者」の納得を得ることは難しいでしょう。大切にしたいのは、まずは、相手の声に耳を傾け、抵抗の背景・理由を把握（インプット）する姿勢です。相手の話を聞きながら、相手の考えや価値観を理解し、整理しながら、擦り合わせていくことで、共通理解の糸口が見えてくるのではないでしょうか。

　また、「抵抗者＝敵」ではなく、新しいことや変化への対応スピードの違いだと捉えることも大切です。邪魔しようとしているのではなく、自分のペースを守ろうとしていると解釈することです。多くの校長は、これまでの経験から、「抵抗者」は敵であり、「抵抗者」によって自分が管理職として考えている方針にストップがかけられてしまうという考え方が、染みついてしまっているのではないでしょうか。そのため、「抵抗者」に対してついついむきになったり、前のめりになったりしていないでしょうか。「抵抗者」への対処では、相手の内面や背景を理解し、前向きに取り組めることを一緒に考えたり、さらには、相手の異なる視点や対立する見解からも学んだりするなど、考え方や姿勢を変えてみることも重要なのです。

　「総論には賛成、各論には反対」といった議論も「抵抗者」との間で起こりがちです。目的は共有しているのですが、手段や方法など細かいことになると対立するのです。議論が白熱すると互いが感情的になり、抵抗者から反対のために反対されてしまうといった経験はないでしょうか。議論を進める中でこうした状況が予測されるときは、話し合いの論点を「目的や目標」に転換してみてはいかがでしょうか。各論で合意できなくても、総論ではできるはずです。改めて取組の意義や目的を確認・共有し、どうしたらできるのか、どこからならできるのかなどについて、一緒に考えるのです。管理職は高い位置から物事を捉えることができます。見える景色も教員とは異なります。「抵抗者」と各論でぶつかったときは、ドローンのような高い視点から、全体を見渡しながら対処する姿勢も大切です。

❷ 抵抗者への対処から見えてくること

　「抵抗者」が存在することによって、組織の問題点や校長自身の問題点に気づかされることもあります。「抵抗者」だけに焦点を当てるのではなく、

常に俯瞰的に物事を捉え、「抵抗者」を生み出している組織はもちろん、「抵抗者」をネガティブに捉えている自分までを俯瞰してみることが、マネジメントには必須です。こうしたポイントを意識して抵抗に対応することにより、様々なことに気づくことができるでしょう。自分のクセや傾向、弱い点も見えてくるでしょう。**自分と違う考えをもっている人がいた時に、なぜその人は違和感があるのかを理解することで、自分に足りないことを知ることがある**のです。また、抵抗者に対抗するには、その人がなぜそう考えるのか、**背景を理解してそれぞれに応じて、対応することが大切**だということに気づかされます。自分の経験だけで論を推していっても、すれ違ってしまいます。異なる価値観が組織の中に存在することを前提として、自分の価値観は、そのうちの一つに過ぎないことを自覚することが必要です。

❸ 自律的な構成員からなる学校経営と抵抗者

「抵抗者」という言葉はネガティブに受け止められますが、言い方を変えれば、「意見の違う人」ということです。学校において、校長の方針に反対する人を「抵抗者」という意識で見てしまっていること自体を自覚する必要があるかもしれません。また、こうした校長は、「抵抗者」を主体的な存在として見ることが大切ではないでしょうか。確かに、組織としては、一人ひとりの考え方がバラバラで良いということではないのですが、「組織の構成員はそもそも考えが違う」ということを前提とすることが重要ではないでしょうか。より多様性が重視されるこれからの学校では、整えるとか、足並みをそろえるといった組織観に加え、これまでとは異なる、**自立した多様な職員を生かしながら自主的・自律的な学校経営を進めていく学校管理職が一層求められます**。自立した職員から構成され、その自立性を生かして組織のパフォーマンスを高めるためには、**リーダーは手段よりもビジョンで語り、リーダーとフォロワーは、手段よりもビジョンで一致しなければならない**のです。

❹ 「抵抗者」の不在?

ところで、最近は、「抵抗」しない人も増えてきているようにも思います。

何もせずとも黙っていれば過ぎていく、という「スキル」を身につけてしまった職員が増えているのは気のせいでしょうか。管理職は「抵抗者」の捉えの幅を広げていく必要があるかもしれません。ものを言わない人（もしかするとサイレント・マジョリティかもしれません）をどう捉えるか。実は管理職としては「抵抗者」よりも「抵抗しない人」の方が心配になってきます。「抵抗者」は、ある意味、自分なりの考えをもち、行動していると言えます。**「抵抗しない人」にいかに思いをもたせるかが学校経営には重要**です。そのためにも大切なのは、リーダーがビジョンを自らの言葉で魅力をもって語ることです。

4. ステップ③ 「一里塚をおいて、成果を確認・称賛する」

❶ なぜ一里塚（経過目標）が必要か

　大きなビジョンや目標はいきなり達成することはできません。組織やフォロワーを率いていく校長は、フォロワーである教員に、取組が着実に進んでいることを実感させ、意欲を高め、さらには取組の質を向上するために、途中で振り返り、成果を確認する節目として一里塚（経過目標）を設け、スモールステップで着実に進めることが重要です。
　一里塚（経過目標）が必要な理由は次のとおりです。

> ■経過目標を達成することで、自分達の努力が実を結ぶという証拠を示す
> ■取り組み方をふりかえり、見直すきっかけとする
> ■達成に貢献した人を称賛し、さらに促進する
> ■抵抗者の抵抗を抑え、実行の勢いを維持する

❷ スピード感の違いに配慮する

　大きなビジョンや目標の達成を目指す場合、校長は、無意識のうちに見通しをもって計画的に取組を進めています。具体的には、まずは、現在の状況を捉え、その状況を踏まえて達成した時の状態（ゴールイメージ）を明確にし、次に、節目ごとに、目指す状態を経過目標として設定しているのです。

　例えば、図8-3のように3年後の目指す状態（目標）の達成に向けて、約3か月後（序盤）、約1年後（中盤）、約2年後（終盤）のタイミングで、子ども、職員、保護者、地域住民の目指す状態を一里塚（経過目標）として設定することなどが挙げられます。

　ところで、この経過目標を校長と教員がそれぞれ作成した場合、どのような傾向になると思いますか。多くの場合、校長と職員ではスピード感がかなり違う結果になるのです。タテ軸（時間軸）について言えば、3ヶ月後に高いレベルを求めるペースの速い人がいる一方、3年間同じペースで進める人、後半ペースを上げる人など様々ですが、一般的に、**校長は経験が豊富である**

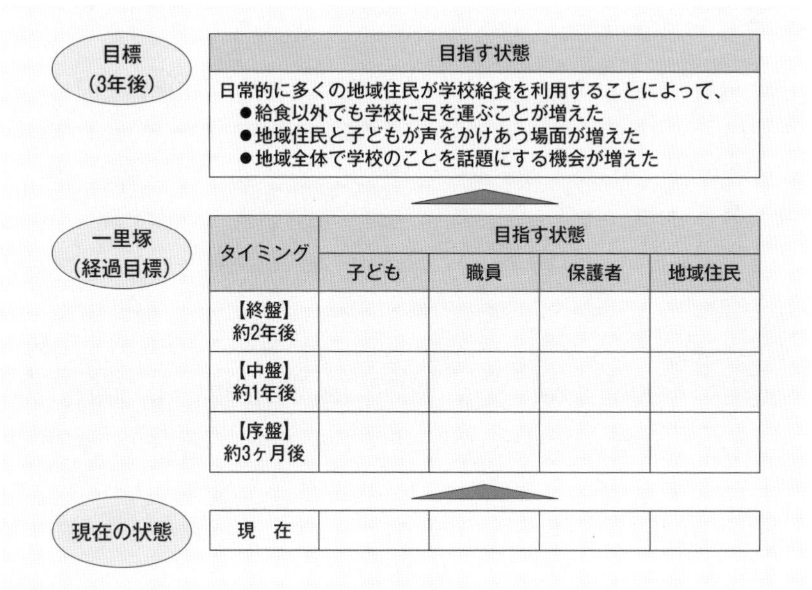

図8-3 一里塚（経過目標）の設定

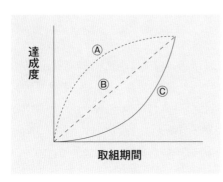

図8-4 目標達成までのスピード感の違い

ために、目標に対するスピード感が速い傾向にあります。経験の少ない職員は、未知の領域に挑戦するため、不安を感じ、校長が求めているスピード感より遅くなるのです。

また、ヨコ軸（子ども、職員、保護者、地域住民）については、人によって記入しやすいところが異なります。求める状態もかなり違っています。例えば、教員は、子どもの目指す状態はイメージできますが、そのほかの対象についてはイメージしづらいなどの特徴がみられます。

校長はこうしたスピード感の違いを踏まえ、教員のスピード感を理解しながら組織を動かすことが大切です。また、校長は教員よりも、高い視点から俯瞰する必要があり、「子ども」のみならず、「職員」「保護者」「地域住民」なども視野に入れ、それぞれのスピード感の違いにも注意を払う必要があります。

図8-4は、目標達成までのスピード感の違いを表したものです。目標達成には様々なアプローチがあります。Ⓐの点線は前半にスピードを上げて取り組むタイプ、Ⓑの破線は同じペースで取り組むタイプ、Ⓒの実線は、前半は丁寧に取り組み後半でスピードアップするタイプです。校長は、達成するビジョンや目標のレベル、構成メンバー、これまで学校で積み上げてきた取組、学校風土など、その学校の様々な条件を踏まえ、どのペースで取組を進め、目標の達成を目指すのかを見極めることが大切です。

新しいことなどに取り組む場合、多くの経験や知識を持つ管理職は、ゴールイメージや取組の見通しを持つことができるのでⒶのペースになりがちです。しかし、経験が少ない教員は、先行きが見通せず不安を感じⒸに近いペースで進もうとします。例えば、ミッションを与えられて意気揚々と着任した校長が、張り切り過ぎて職員との間に軋轢が生じ、思うように取組が進まないといった話をよく耳にします。このような校長は、職員とのスピード感の

違いを意識することによって、**取組をスムーズに進めることができる**かもしれません。

5．ステップ④「見直し、強化する」

　取組を進める際に、校長は、経過目標の進捗状況や達成状況、環境の変化など様々な状況を踏まえながら、図8-5にある①〜③の各ステップで**不断に見直し・強化することが重要**です。

　各ステップの意義と見直し・強化の必要性を考えてみましょう。

　「ビジョンを構築し、伝える」のステップの見直しを怠ると手段が目的化し、大義を失い、形骸化します。そのため、現在掲げているビジョンや目標は適切か、教員に浸透しているか、目的意識とモチベーションをさらに高めるためにどのように伝え方を改善すべきかなどについて検討します。

　「抵抗者に対処する」のステップの見直しを怠ると、新たな抵抗者の誕生を見落とし、取組が滞ります。そのため、抵抗への対応に改善点はないか、新たな抵抗者は生まれていないか、生まれているとしたらなぜか、それらにどのように対応するのかなどについて検討します。

　「一里塚をおいて、成果を確認・称賛する」のステップの見直しを怠ると、効力感が続かず、尻すぼみに終わります。そのため、成果の共有はできてい

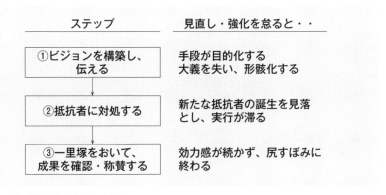

図8-5 見直し・強化を怠ったときに起こること

るか、教員のモチベーションを高める称賛になっているか、一里塚（経過目標）の内容は適切か、スピード感は適切かなどについて検討します。

　大きなビジョンや目標を達成するためには、ある程度の期間が必要です。その間に学校や教育委員会、地域運営協議会の構成員が入れ替わったり、国や市町村が新たな方針を示したり、地域からのニーズが変化したりするなど、様々な変化が起こる可能性があります。各ステップを一度踏んだだけでは十分な対応とは言えません。**各ステップを見直しながら、継続して強化することが必要なのです。こうした丁寧な取組が、確実な成果につながるのです。**

本章のポイント

① ビジョンには、校長自身の教育観が含まれていることが重要である。

② ビジョンを浸透させるためには、自分の言葉で、熱意をもって繰り返し伝える。

③ 抵抗は、新しいことや変化に対応するスピード感の違いから生じる。

④ 大きなビジョンを達成するためには、一里塚（経過目標）を設定し、成果を確認しながら取組を促進させる。

⑤「ビジョンの構築と浸透」、「抵抗者への対処」、「一里塚（経過目標）の設定」を不断に見直し、強化することにより、確実な成果につなげる。

（中澤美明）

| Column8 |

抵抗者への対応と「令和の日本型学校教育」のマネジメント

　「実行」で扱った抵抗者への対応を考えていくと、『OECD Education2030プロジェクトが描く教育の未来：エージェンシー、資質・能力とカリキュラム』（2020年）の話ともつながってきます。ここで言う「エージェンシー」とは、自ら考え、主体的に行動して、責任をもって社会変革を実現していく力のことで、「生徒エージェンシー」や「教師エージェンシー」のほか、子ども、教師、保護者のコミュニティに関する「共同エージェンシー」などがあります。

　学校組織で特に、大事にしなければならないものは、「共同エージェンシー」と考えます。学校の職員にはいろいろな人がいて、それぞれの力を生かしながら、総合力でパフォーマンスを最大化します。そのため、その構成員がどんな思惑、価値観に影響を受けながら動いていくのかということをリーダーは理解している必要があります。このことは、先般、これからの校長に求められる資質能力として文部科学省から示された校長の「ファシリテーション能力」とも関連します。

　管理職が自分の意見を貫徹させるためには、決して「抵抗者」を説得したり、抵抗できなくしたりするのではなく、相手を理解することや、相手の力を引き出すことはどういうことなのか、そのヒントをつかみ、省察することが大切なのです。どこの学校にも、抵抗を示す人がいますが、その人がずっと抵抗しているのであれば、管理職として自分が相手に納得感を与えられていないと気づかされます。

　本書で述べた「実行」は、リーダーが目指す方向に引っ張っていくというイメージがありますが、そうではなく、構成員それぞれが自立して、またリーダーとしてはそれぞれの構成員を自立させて、組織を動かしていくというイメージです。そのためには、構成員それぞれが考えをもち、自立していることをリーダーが認識している必要があります。そして、最終的には構成員それぞれが自分で納得して動いていることを踏まえることが大事です。「実行」は、十人十色の考えがあることを前提に、どのように組織を進めていけばいいのかをリーダーとして考えること、言い換えると、構成員の「ウェルビーイング」を実現することかもしれません。

　「令和の学校」では、誰かが答えを示してくれる、答えは唯一だといった授

業観や学校観はもう過去のものと言っていいでしょう。「正解」は条件によって多様に変化します。学び方も人によって多様であっていいはずですし、その方が、より多様なものの見方を通じて、「正解」に近づくことができるのではないでしょうか。学校のマネジメントも同じです。隣の学校と自分の学校の「正解」が同じとは限りませんし、おそらく違うことが通常でしょう。自校に当てはまる最適な方法や解があるでしょう。規模も、子どもの顔も、地域の実情も、所属する職員も異なるのですから。こうした最適な方法や「最適解」を校長単独で導くことは困難です。校長は、リーダーシップを発揮しながら、多様な自立した職員等と協働的に探究していくことが重要なのです。

(中澤美明)

第 9 章

マネジメント・プロセス6

「判断」

———— 本書における「判断」とは ————

　校長は教職員から校長室に持ち込まれることに対して、日々、様々な判断をしています。つまり、校長は組織のトップとして「判断する人」であり、それが日々続いていく仕事なのです。

　本章では、日々行っている「判断」が、「正しい判断」であるとか「間違った判断」であるとかを述べているのではなく、「判断する人」である校長は、自分の中にある判断軸や価値観を基にして判断していることに気づき、自身が持っている判断軸や価値観を考察することの大切さを述べたいと思います。その中で、判断をするために必要な視点や考え方をつかんでほしいと思います。

　自分自身を見つめ直した校長が、「令和の日本型学校教育」をどのように支えていけるのかも、皆さんと一緒に考えてみたいと思います。

1. 第4章〜第9章で求めていること

❶ 第4章から第8章を振り返って

　最初に述べておきたいのは、ここまでの第4章「情報収集」から第8章「実行」までと、この第9章「判断」とは全く違うものであることを意識して読んでほしいということです。

　第4章から第8章までは、校長が学校経営をするにあたって、いろいろな課題があったときにどのような応用力を身につけて学校全体をマネジメントしていくかという視点で述べられています。

　一緒に働いている教職員が学校運営をしているときに、様々な課題を解決する必要が生じます。そのようなときに、校長である自分の応用力を高めておけば、教職員に対してどのような視点で幅広く物事を捉えれば良いのか、どのような方向性を示したら良いのか、教職員が考えた具体的な教育課程に対してどのようなアドバイスをしたら良いのか、教職員全体が教育課程を実施するために気をつけておくことは何かなどについて、令和の時代の学校を動かしていくマネジメントをしていくことができるのではないかというものです。

　それらは、今まで校長として行ってきたマネジメントを否定して、正しいやり方を示しているのではありません。今までのマネジメントにプラスアルファとなる応用力に気づき、身につけてほしいというものです。そうすることで、あなたが校長として「令和の日本型学校教育」を進めることができると信じています。

❷ 第9章と第8章までの違い

　一方、この第9章「判断」は、校長である自分自身の内側に迫る内容になっています。自分の外側である学校組織に目を向けるのではなく、校長である自分自身がどのような判断軸や価値観を持っているのか、そして、それはどのようなことが裏づけとなって行われているのかについてじっくり考えていきたいと思っています。

①ものの見方・考え方	②価値観
● 関心領域 ● 視野 　－認識できる範囲 ● 視点 　－ある事象を認識する 　　ときの立ち位置	● 組織観 ● 人間観 ● 教育観　…など
③意思	
● 主体的意思	

図9-1 「判断」の内容を左右する要素

　図9-1のように、「判断」は、この本の中では組織のトップである「校長」が、判断する時、その人個人としての「ものの見方や考え方」、「価値観」、「意思」によって左右されるという考え方で述べています。だからこそ、校長であるあなた自身を見つめ直し、問いかけ直し、自己の本質に迫って自己を知ってもらうことを求めているわけです。

　結論から述べると、**判断する〇〇さんというあなた個人と、判断する職の校長にある〇〇校長（あなた）の両方の考えの本質に迫って、そこに違い（ずれ）があるとすれば、組織をマネジメントする校長としてする「判断」が、相手の心を動かしたり、相手を納得させたりすることが難しいということに気づいてほしい**のです。

　第9章では、校長であるあなたが日々行っている「判断」が、「正しい判断」であるとか「間違った判断」であるとかを述べているのではありません。「判断する人」である校長の「判断」は、実は〇〇という個人（あなた）の中にある判断軸や価値観を基にしてなされていることに気づいてほしいのです。個人（あなた）のその判断軸や価値観が、〇〇校長として行う「判断」に影響していることを考えながら読み進めてみてください。

2.「判断」における「ものの見方・考え方」や「価値観」

● 「学級担任の交代の要求」

私たちが学校現場にいる際に、このようなことが起きたことはないですか。
「学級担任の交代の要求」を突きつけられる場面です。

> ●●中学校2年1組（学級担任A教諭）は、年度当初から、学級
> 全体が落ち着かず、授業が成り立たない状態が続いていた。その
> ような状況の中、教科担任（英語）のB教諭が、学級担任のA教
> 諭に対して、「1組の状態を何とかしてくださいよ。このまま
> じゃ定期テストも最悪の結果になりますよ」と愚痴をこぼした。
> 　A教諭は、その日の終学活で、自クラスの生徒に対して「お前
> たちが悪いから、困っている教科担任の先生がいる。俺もこんな
> クラスを担任していて恥ずかしい。何とかしろ！」と指導した。
> その指導に対して、多くの生徒が反発し、学級担任と生徒との亀
> 裂が深まった。
> 　その後も状況は変わらず、1ヶ月後、2年1組PTAの学級代表・
> 副代表が校長を訪ね、「このままの状態が続けば、学力も伸び
> ず、大変なことになる。大至急、学級担任を代えてほしい」とい
> う要望を伝えた。

この時、あなたに問われているのは、校長として「担任を交代させる決断」
をするのか、それとも「交代させない決断」をするのかです。それと同時に、
なぜそんな「判断」をしたのか、あなた自身がその「判断」をしたときのあ
なたの「ものの見方・考え方」や「価値観」がどのようなものかが問われる
ことになります。

　ここで考えてほしいのは、どの「判断」が「正しいか」ではありません。担任を代えるのが正しいとか代えないのが正しいということを考えてほしいわけではないのです。どちらかの判断をしたときに、その判断を支えるあなた自身のものの見方や価値観を自覚し、言語化してみてほしいのです。人に伝えるというよりは、自分で自分に説明できるかということを考えてみてほしいと思います。

　往々にして私たちは、「なんとかしなければいけない」と、支援体制を構築する、学年懇談会を開いて保護者に説明する、授業研究会を実施して教員の指導力を向上するなどの「対策」を考えて、この問題を乗り越えようとしてしまいがちです。確かに実際の学校経営ではそうなってしまいます。それはそれで、間違っていないと思います。しかし、ここで問われていることは、「対策」を考えるのではなく、あえてここでどうするか、担任を代えるのか代えないのか、その「判断」を考えてほしいのです。

　さあ、この状況に正面から向き合って判断することができましたか。

　「担任を交代させますか、それとも担任を交代させませんか」

　この時あなたの心をよぎったのは、どんな気持ちでしょうか。また、何を気にしていましたか、そのことを何のためにやろうとしていたでしょうか。

　まさに、判断をするときに「これは正しいのだろうか」、「保護者は納得するだろうか」、「教育委員会は理解してくれるか」、「子どもたちは嫌がらないか」、「交代させる本人はどう思うだろうか」、「生徒や教職員や保護者や地域から、文句を言われないだろうか」、「生徒のためにやることだ」、「保護者からは理解が得られるはずだ」……と様々な考えや思いがあなたの頭の中で錯綜することと思います。

　このような心の動きが、その「判断」に影響してはいないでしょうか。自分自身を振り返り、自分の心の動きを客観視することで、自分の判断軸を知り、自覚することができたでしょうか。

❷ 全国学力・学習状況調査の結果公表

また、次のような場面を想定して考えてみましょう。

> ある日、校長会で、教育長からこう言われました。
> 「市長はマニフェストで日本一の教育の町にすると言っている。その進捗状況を住民に伝えるには全国学力・学習状況調査の市平均や学校ごとの結果を公表し、その後の対応策も明らかにすることが必要だと考えている。私も結果を公表し、対応策も明らかにすることが必要だと思う。各校とも、具体的対応策を考え、期日までに報告するように。対応策についても学校名とともに公表する」

さあ、あなたはどうしますか。校長として「結果と対応策の公開に賛成」しますか、それとも「反対」しますか。また、どうしてそんな「判断」をしたのですか。この場合の、あなたの「ものの見方・考え方」や「価値観」はどんなものかを考えてみましょう。

> ★少し時間を取って、自分事として考えてみてください。

　自身の「判断」を「後づけ」するためによく出てくる論理や考えの筋道としては、「学力はこれだけではない」、「公表に意味はあるのか」などを理由に反対するものです。ただ、ここで深堀りしたいのは、そうした論理や考えの筋道を使うことによって、自身が何かから逃げようとしていないかということを自分自身に問いかけることです。このことは、先の担任交代の時にも通じる論理や考えの筋道です。

　校長会で意見交換した場合、「公表する意味があるから公表しよう」と考える人もいるでしょう。また、調査を何らかの「結果」として見ようとするから自分の責任などを感じてしまうのであって、「スタート」と考えれば、子どもの傾向などが見えてくると考える人がいるかもしれません。校長同士

の様々な見解に出会うと、自身のこだわりや他者とは異なる価値観を自覚する機会になります。多様なものの見方、価値観に出会うことで、「自分を知る」場面でもあります。

さらに、このケースは、「担任の交代」のケースと比べると、校長としてはあまり身につまされず、さらっと「判断」できてしまえるケースのようにも思えます。もしかしたら、批判されるのは、管理職としての「自分」ではなく、指導している「教員」であるという意識が判断に至る過程のどこかにあるのかもしれません。または、公開すると言っているのは教育長なので、教育委員会が言っているから公開するのだといった判断があるのかもしれません。

このように管理職の責任が問われることが少ないということが背後にあるのかもしれません。管理職自身が結果に責任を負う必要はなく、教員に転嫁できるというのがうっすらと見えるようにも思えます。自分一人の責任ではなく、関わる教員全体の責任と考えられやすいことから、気持ちが軽くなるのかもしれません。あるいは、「教育長から言われたから仕方ない」という理由がつけられ、自身で責任を担うことから逃げられるからかもしれません。

このように深堀りしていく中で、そうした**「判断」ないし判断の仕方が、本当に「管理職としての判断」となり得るのかを自分自身に問い直してみてほしいと思います。もしかしたら、校長として「言い訳できる方の判断」をしているのではないか**ということを、図らずも自覚してしまうことがあるかもしれません。

3. 校長という職

当然と言えば当然ですが、校長は校長としての「判断」を行っています。では、校長というのは、どのような職なのでしょうか。

少し話を戻して、❶の担任の交代要求で考えてみましょう。例えば、判断をするあなたが指導主事だったとしましょう。あるいは、読者であるあなたが指導主事だった場合、この問題をどう判断しますか。校長とは異なる判断

をするのではないでしょうか。つまり、案外あっさり担任を替えるという判断をするのではないでしょうか。それは、指導主事という職務上、校長のようにそのことに責任を負う当事者ではないことから、「客観的」、「俯瞰的」に状況を分析できる立場にあるということが影響しているのではないでしょうか。

また、教頭の場合はどうでしょうか。同じ判断になるでしょうか。

繰り返しますが、決して、どちらの判断が正しいと言っているわけではありません。ここで考えてほしいのは、「職」の特性なのです。それが判断に影響するということです。

指導主事や他の管理職に比べると、やはり校長には、校長固有の難しさがあります。どうしても個人の価値観、ものの考え方と、校長の職としてとらざるをえない価値観、ものの考え方とがあり、自分の中で両者がしばしば衝突し、それが「校長が校長たるゆえん」、つまり「校長という職の厳しさ」ということになります。

校長でない自分なら「どうして担任を交代させないのだろうか」と思いながら、自分が校長だからこそ、「交代させた方が子どものためだ」、「学校全体も保護者から非難されない」と分かっていたとしても、「任命した自分の責任になるから交代させたくない」と何事も起きずに自分に火の粉が降りかからないようにしようとしてしまわないでしょうか。

こう考えると、校長は、自分が判断しなくてはならない、同時に全ての責任を負うことになる、孤独な職ということになります。そうであるからこそ、自身の判断に影響を与えているものが何なのか、自分自身を知り、自分の内面と向き合うことが、トップである校長には必要なプロセスなのです。その判断の根拠を突き詰めていくと、先に述べたように、「反発が怖い」、「自分の面子」になっていくことが多々あります。繰り返しになりますが、それ自体を責めるのではありません。

このように考えれば、2つめの例示でも本来は同じはずです。校長として、判断しなければならない局面なのです。そこに軽い、重いはありません。組織のトップの判断なのです。

4.「校長の判断」とは

　学校組織はトップである校長の判断で動きます。校長が日々、どのような「判断」をするのかは、組織にとって大変重大なことなのです。同時に、何を根拠にした判断であるのか、どんな考えで判断したのかが重要なのです。

　このような場面を想定して、改めて、自分の価値観はどのようにして形成されてきたのかをあなた自身で自分のことを振り返ってみましょう。すると、子どもの頃の経験、親からの影響、教師としての長年の経験が自分にはあり、その結果、現在の自分の価値観が形成されていると感じることができるはずです。

　校長としての職を遂行し、判断する局面では、職としての「判断」と、個人としての「判断」（思い）とは、時に「ズレ」が生じたり、「衝突」したりすることでしょう。しかし、あなたが校長である以上、そのズレや衝突から逃げることはできません。厳しい局面に立たされるような最終局面で、時にはトップの判断に委ねることができる中間管理職とは異なり、自身の判断が組織の最後の判断になる校長は、「自分の内面と正対し勝負する」ことが必要です。校長として判断を与えているものの実体である価値観はどういうものなのかを知りましょう。

　最初の例で考えれば、なかには、「個人としてならば担任を代えるという判断になるが、校長としてならば逆の判断をする」という方もいるでしょう。こういう心の声が悪いというのではなく、ここで振り返るのは、こういう心の声はなぜ出てくるのか、という点です。

　「なぜ担任を代えないのか」と聞かれたとき、「教員の将来をつぶしてしまう」あるいは「子どもに良い影響をあたえない」といった答えが自分のなかに用意されてはいませんでしたか。しかし、ここで終わってはいけません。もう一歩踏み込んでみましょう。「教員をつぶしてしまう」とどういう問題が起きるのでしょうか。あるいは、その「判断」においては、子どもや保護者はどのように位置づけられているでしょうか。

　もしかしたら、その判断は教職員を中心にしたものかもしれません。ある

いは、その判断をしているあなたの「ものの見方・考え方」や「価値観」がどんなものなのか突き詰めていくと、担任決定をしたのは校長である自分であり、「校長としての自分の面子」ということに突き当たるのはよくあることです。

　ここでは何も、子どもや保護者のことを考えてないのが悪いとか、自分の面子を考えるのは校長としてダメだ、ということを引き出そうというのではありません。**日々の「判断」において、自分が気づかないまま判断の際に重視しているもの、影響を受けている「考え方」や「価値観」は、どういうものなのかをつかんでおきましょう**、ということなのです。

5.「判断する」ということ

　このように「判断」する場面では自分の本音を考え、自分を見つめなおすということをぜひしてほしいのです。

　「判断」した結果、良い結果になれば何も問題はないのですが、悪い結果が出てしまう場合も当然あります。その悪い結果が出た時、**校長としてどう振り返り（リフレクション）をするか、覚悟をもっていますか。判断から逃げていませんか。責任者としてどう考えどう向き合っていますか、というのが、この「判断」という場面で重視している点**だとも言えます。

　心の葛藤は、トップとして、校長として、責任を自覚し、職を全うしようとしている現れだと言えます。「担任を代えるか代えないか」の「判断」の前に、自分の心によぎった気持ちがあるはずです。それを深掘りしてみましょう。それによって、自分が守りたかったものは、子どもではなく自分自身であったことに気づく場合もあるでしょう。管理職としてどこを向いて仕事をしているかを改めて自分自身を振り返る（自己省察）する機会にしてほしいのです。

　「令和の日本型学校教育」を支える校長像は、自律的学校経営を担う校長です。自立的であり、また、重い責任を負う校長です。重い判断が迫られる校長です。したがって、教職員を自分の判断に納得させて共感させるときに、

自分の内面の判断と職としての判断とが一致していないときは、不安があったり、自分が教職員に対して語る言葉の重みがなかったりするものです。こうしたトップにつきものの心の葛藤を理解し、自分を客観視する必要があるのです。

　校長のやりがいでもありますし、職の孤独さや重さをひしひしと感じる瞬間でもあると思います。

6.「判断」する校長

　ここで問うているのは、校長である自分は、なぜそうするのかをどれだけ主体的に考えているのかということです。場合によっては、他律的な判断ばかりしている自分に気づくかもしれません。あるいは、自律的な校長であれば、様々なことを提案や指示してくる行政に対して、どう対処・判断するべきなのでしょうか。学校長と教育委員会の関係をどういう関係性として理解しているのか、校長として考えているのか、ということを考え直すことでもあります。

　世の中には「○○会」という組織があります。例えば「校長会」や「教頭会」、「教務主任会」……。あなたがそれらの組織に属していたときに、コロナ禍での運営に関して、このような場面に出会いませんでしたか。

　「皆さんの学校は、運動会をしますか」、「卒業式に来賓を呼びますか」、「週あたりの授業時数は何時間にしますか」というような問いかけはなかったですか。細かなことだと思いますが、これらは全て校長の権限である教育課程を編成し実施することに他なりません。しかし、残念なことに、他校の意見を聞いて多い方にしようと考えたり、「他の学校がやっているから本校もやります」と教職員に伝えたり、挙げ句の果てには、「教育委員会が全部決めてほしい、地域住民や保護者にそのように説明でき、学校にクレームが来ないから」と話す校長がいたりします。このように「判断する校長」ではなく、「みんな同じでみんな良いと考える校長＝判断を他に委ねる校長」になってしまっている校長がいて、残念に思います。特に新型コロナと共に教育活動

を行わなければならなかったここ数年はこのような残念な場面に出会うことが少なくありませんでした。

さて、従来の知識伝達講習や「正解主義」に慣れ親しんでいる我々は、こうした場面に直面すると、どちらの判断が「正解」なのか、どちらを求められているのかを探してしまいます。あるいは、近隣の校長仲間の顔色を見ながら探ります。学校を動かしている「判断」はどのように行われる（行われがちな）のかというプロセスに着目し、自分の価値観によって「判断」が変わってしまっているかもしれないことに気づくことは重要です。

自分が「判断」したことについて、私たちは後づけでいろいろ説明しがちですが、自分の判断の根拠を探すことによって、自分の判断に影響を与えているものを今一度探し振り返ってほしいのです。

問われることは、「そう考えた自分の『ものの見方・考え方』や『価値観』」なのです。自分の判断や、自分がそのように判断してしまう自分と向き合う内省（自分自身の心の働きや状態をかえりみること）が必要なのです。その結果、例えば、「自分の面子」にたどり着くことも多々ありますが、そのことを否定する必要はありません。気づけば良いのです。「判断」に影響を与えるものを探し、自分の判断軸や価値観を自分で自覚するのが必要なのです。

そして、その先において、あなたが校長という職にある自分を見つめ直し、自律した学校経営ができる校長になることを目指してほしいと願っているのです。

7.「判断」の質を高めるために

あなたが、自分の判断の基となっている価値観や判断軸にしっかり向き合えたなら、次に行うのは、校長として、日々行っている「判断」の質を高めていくことです。そのために、次に掲げる3つのポイントをもっておくと良いのではないでしょうか。

●ポイント1　問題・テーマを多面的に捉える

①問題が生じている原因や、テーマとなっていることの要素を今
　一度捉え直すと、別の糸口が見えてくるかもしれません。
②自分の判断が、その問題はもとより、全体にどのような影響を
　及ぼすのかの空間的な広がりを意識しておくと良いでしょう。
③そのときの判断が、未来にわたって、短期的に、あるいは中・
　長期的に影響を及ぼすかもしれないという、時間的な広がりも
　意識しておくと良いでしょう。

●ポイント2　問題をチャンスに捉える

①起きている問題を「悪いこと」とだけ見ないで、それまで手を
　つけられなかったことに手をつけられる、革新の第一歩と考え
　てみましょう。
②どうせ手をつけるなら、目の前の問題解決だけでなく、その影
　響をもって他の問題解決にもつながるように「一石二鳥」「一
　石三鳥」を意図してみましょう。

●ポイント3　判断の前提を掘り下げていくことが判断の力を高める

判断をするときに、以下の観点で、その都度振り返ってみましょ
う。
①どんな事実に着目したか、また、なぜその事実に着目したので
　しょうか。
②事実や問題をどのように解釈しましたか。そして、そのように
　あなたが解釈した理由を考えてみましょう。
③対応策を考える前に、校長である自身の意図がはっきりしてい
　て、それが盛り込まれているのかを考えるとともに、その対応
　策のねらいがはっきりしているか（何のためにするのか）考え

てみましょう。

④自身が判断したときに、その判断に影響を与えていた自身の価
値観をはっきりさせておきましょう。

8.「判断できる校長」になる

　「分権型の組織や人材の在り方」あるいは「学校の自主・自律」という言葉は、よく聞くことであり、文字で示すことや口で述べることは簡単です。しかし、実際に学校を経営する上で、上記のことを意識し、そのような学校経営をするのはことのほか難しいと考えます。

　ここまでを読み進められて、学校の自律性を担う管理職（校長）にはどのようなマネジメント能力、感覚が必要なのか、何をどういう道筋でマネジメントしていくか、大切にするものは何なのかを、改めて考えていただけたでしょうか。「判断する」ということは、管理職にとって、自分に向き合う、とても厳しいことです。

　「自分自身を知らない」状況で管理職として仕事をするのではなく、校長である自分は何者なのかを知った上で仕事をするために、日々行っている「判断」について、深く考えていく必要があると考えています。自分自身の価値観は簡単には変えられないものかもしれませんが、それを意識することで、自信を持って校長としての判断ができると考えています。

　あなたの価値観を直しなさいということや、この判断が正解ですというのではなく、自分自身の価値観や判断軸を知った上で判断するのが大事だということです。あなたの価値観や判断軸を否定しているわけではなく、それに向き合うことが、校長としての判断をしていくということなのです。

　「令和の日本型学校教育」を担っていくために求められていると言われる、主体性を発揮するエージェンシー[1]という場合、無色透明で中立・無個性な

１「OECDラーニング・コンパス（学びの羅針盤）」では、「エージェンシー」はその中心的な概念として、「変化を起こすために、自分で目標を設定し、振り返り、責任をもって行動する能力 (the capacity to set a goal, reflect add act responsibly to effect change)」と定義されています。

存在ではなく、クセや個性、固有の価値観をもっていることは条件であり武器であるとともに、そうした自身を自覚していることもエージェンシーの要件と言えるかもしれません。

　本来、教育は太古の昔から一人ひとりに合わせて行われてきました。その人間が必要とする技術や知識を伝えてその人間が一人の生活者として生きていける力を身につけると同時に、自らが学ぶ力をつけてきたはずです。

　しかし、近代社会では、それぞれの国を強くするために、「画一的な内容」や「正解」を「一斉授業」という形で広めてきました。それは、国を強くするための国民を大量に効率よく育成するためです。筆者である私自身も、その教育を受けて大人になりました。

　これからの時代はどうでしょうか。世界は変わってきています。日本の国内だけでなく世界で活躍する人材として育っていく子どもたちを預かっている我々が目指すところは、我々が歩んできた学校教育ではないはずです。

　「令和の日本型学校教育」を進めるにあたっては、日本社会が昭和時代まで120年続けて行ってきた「画一」、「一斉授業」の呪縛から我々教職員も保護者も地域も解き放たれる必要があります。実は、平成の時代から国は変わろうとしていました。しかし、実際に教育を担う私たち教職員が変われなかったのです。

　そして今、2017年版学習指導要領において求められている「学びの転換」を着実なものとするために、2021年の中央教育審議会答申「『令和の日本型学校教育』の構築を目指して〜全ての子どもたちの可能性を引き出す、個別最適な学びと、協働的な学びの実現〜」が出されました。

　校長は学校を変える力を持っています。権限を持っています。校長には、今までの学校を一から見直して、個別最適な学びができる学習集団の運用や、学級という考え方の見直しなど、学制以来150年間続いてきている学校での学びをより良いものに変えていくことが求められています。

　例えば、「小学校における教科担任制」、「学級を取り払った新たな学習集団の運用」、「小規模校同士の対面合同授業や遠隔合同授業」、「小中における6・3制の廃止と新たな枠組みづくり」、「小中教員の一部相互授業も取り入れた9年間を見通した教育課程の実施」……考えるだけでワクワクしてきま

せんか。

　第4章「情報収集」から第9章「判断」までの公務員型マネジメントの考え方を身につけて、令和の時代に自らの力で生きていく大人、世界を変えていく大人が育つような学校をつくっていこうではありませんか。

　夢物語ではなく、あなたならできるのです。

本章のポイント

① 判断すべき事実や問題と向き合い、校長として判断することが重要である。

② どんなに小さな判断であれ、様々な角度から検討できることが重要である。

③ その判断が影響を与える範囲や相手を考えることが重要である。

④ 判断する自分に向き合い、正直に自分を振り返ることが重要である。

⑤ 自分の判断軸（価値観）を、説明できることが重要である。

（澄川忠男）

事務職員と組織マネジメント

　「事務職員はマネジメントを担う職である」と聞いても、驚く事務職員は少ないでしょう。地域とともにある特色ある学校づくりが求められる中、事務職員の仕事も変化してきました。2015年の中教審答申「チームとしての学校の在り方と今後の改善方策」でも、副校長や教頭とともに校長を学校経営面から補佐する運営チームの一員としての期待がかけられています。そしてこれらの変化や事務職員への期待を具現化するために、2017年の学校教育法改正により、職務規程が「学校事務をつかさどる」となりました。

　つまり、事務をつかさどる職としてマネジメントを担うわけです。当然、そこには経験や役職による違いがあります。ただ、経験や役職に関わらず共通するのは、「学校教育目標につながる仕事である」、「教職員との協働が必要である」、「学校全体をみる」ということです。これらを常に意識した働きが必要であることに経験や役職の違いはありません。財務を例に考えても、情報を集め、分析し、課題に対して方策を考えることの繰り返しであり、そこには常に判断が求められる仕事です。役職が上がれば、分掌担当や委員会などの小さな組織との協働から、さらに広がり、地域との協働も必要になり、同時に組織における立ち位置も変わり、管理職と連携して学校全体を動かすことが求められるようになります。

　共同学校事務室が設置されている場合は、室長は校長と似通った役割を担います。組織経営目標を立て、同時に所属共同学校事務室の事務職員の人材育成も担うという自治体もあります。室長を統括する役職を置き、全共同学校事務室を統括することを定めているところもあります。共同学校事務室は事務職員で組織されるものですが、各校との調整や連携が必要であり、同時に教育委員会との業務の調整や連携がなければ仕事が遂行できません。

　現在、複数の県や政令市において、事務職員の標準的職務通知の策定（見直し）や「資質の向上にかかる指標」が策定されていますが、そのなかには、マネジメント力の向上を中心に指標が策定されているものもあります。

　事務職員も、管理職と同様に、マネジメントを学ぶ必要に迫られているのです。学校事務の専門的な知識を学ぶことは当然必要ですが、それだけでは「事務をつかさどる」ことができない、そういう時代なのです。　　　　　　（西井直子）

第10章

ディスカッション

（執筆者による座談会）

1.「経験に左右される」とは

葛西耕介　本章では、これまでの各章で繰り返し語られているポイント３点に焦点を当てて、様々な職種・職位にある皆さんの経験を交えた多角的な視点からディスカッションする形で、改めてそれらのポイントを解きほぐしていきたいと思います。私は、教育長等地方教育行政のリーダーを養成する兵庫教育大学大学院教育政策リーダーコースで2015年に研究職としてのキャリアを始めました。現任校に移った後も、同コースの客員教員として教育行政職・学校管理職の先生方の職能開発に携わっています。

　さて、本書はこれまで約10年間にわたり兵庫教育大学と私たちの研究会が開発し全国の自治体で実施してきている学校管理職研修プログラムがベースになっています。私たちが講師を務めている同研修では、「私たちの判断・行動は過去の経験に左右されてしまう。それは悪いことではないが、リーダーによって組織の方向性が変わる以上、リーダーは経験に規定されている自身のクセを自覚しておく必要がある」、ということを強調しています。本書第３章から９章でもこのことが強調されています。そこで、１点目ですが、この「経験に左右される」という点について、執筆者の皆さんのそれぞれの職場での仕事の場面に引きつけて、経験談とともにご説明いただけないでしょうか。

澄川忠男　私は、2022年度現在、山口県の小学校校長です。校長歴は３校７年間です。その他の管理職歴は、教頭歴４年間（兵庫教育大学教職大学院学校経営コース２年間を含む）と市教育委員会の課長職（２年間）です。学校現場での教諭歴は、４校18年間、その他は教育行政職が６年間です。今まで、多様な職場で多様な経験をさせていただきました。

　私たち教員は専門職として「その道を究める」ことが周りからも期待され、本人もそのために努力します。また、就職したての頃から大きな責任をもたされ、「先生」と呼ばれることに慣れてしまいます。そして、相手は児童・生徒であり、年齢差は歴然です。そのために、「我が道が最良であり、間違いがないはず」との思いになりがちです。加えて、「そうとは限らない」こ

とを自覚する機会がキャリアステージの中で少ない職種ではないでしょうか。つまり、自らの業務が「経験に左右されている」ことを自覚することなく過ごしています。私自身もそうだったと思います。「自らの成功体験から導き出した判断をしていることを自覚していない」まま校長職を続けているのです。

　校長として職員と接しているときに、こんなことはないですか。

・職員が保護者や地域の方々に「教員言葉」を使って話したり文章を書いたりしている。

・職員が児童・生徒と接しているときに、いつも教員が上で「教える・諭す・指導する」という言葉遣いや態度になっている。

・職員が保護者と話すときに、学校常識や学校論理で対応し、社会一般の考え方や家庭の事情を踏まえない。

　職員がこのようになっている原因は、もしかしたら我々管理職にあるかもしれません。管理職自身が、教諭として何年もの現場経験を積んで管理職になったときに、その人が教諭という職を貫いてきたからこそ、「教員はいろいろなことを知っている」、「教員としての成功体験がある」、「教育に関しては教育のプロである我々教員が一番よく知っている」という意識が抜けきらないままの管理職になりがちだと感じています。

　上記のように、今までの経験や学びだけで管理職をしていると、学校全体が「学校常識」や「学校理論」、「学校用語」で動いてしまいがちな気がします。実際に、私の働いている地域の「校長会」（校長による自主研修グループで全校長が所属している）でいろいろな校長の言動を見ていると、「校長」という新しい職になっているにもかかわらず、「教諭感覚」が抜け切れていない校長が多いように感じます。厳しいようですが、そのような管理職がいる学校では、学校常識だけで教諭目線で経営がされがちだと感じています。

　我々管理職は、今までの経験を大切にしなければなりませんが、判断や行動はその経験に大きく左右されていることを自覚する必要を強く感じています。私たちが実施してきた学校管理職研修プログラムでは受講者が校長としての「対課題行動」（マネジメント）を行うというケース演習を通じて、そのことを自覚してもらう体験を何度も何度もしてもらいます。その体験は、

同じ受講者の中でディスカッションすることで気づくことが多いように思います。ただし、皆が同じタイミングで自覚することはまれです。それは、受講者個人の経験が皆違うからです。自身の経験によって左右された発言や考え方が表れるプログラムで、他人と比べて自身を振り返ることで気づいてくるからです。

　このプログラムが今までの研修と違うのは、「正解がない」ということです。あえて言うなら「自身の経験を振り返り、自身が、目に見えない経験という鎖に縛られて判断や行動をしていることに気づくこと」が正解だと言えるでしょう。

西井直子　私は小中学校の事務職員です。学校で37年、三重県教育委員会事務局研修推進課で5年勤務してきました。この間に兵庫教育大学大学院教育政策リーダーコースで学びました。

　研修推進課では、事務職員研修、主幹教諭研修の企画・立案を中心に、管理職、幼稚園教諭研修などに関わってきました。学校では共同学校事務室（2017年度までは共同実施）の室長を経て、2020年度から2年間、調整監として、勤務校の仕事と併行して県内の事務職員の人材育成や共同学校事務室の推進に関わってきました。現在は再任用主査として働いています。

　事務職員の多くは単数配置です。近年でこそ共同学校事務室という組織で仕事をするようになりましたが、それでも日々の学校では一人であることが多いのが現状です。**学校には「教育行政職」は事務職員だけという世界の中で、自ずとそこでの学校事務にかかる判断はその事務職員の価値観に頼ることになります。**したがって、その事務職員がどういう経験をしてきたかにより、判断も異なるということが往々にしてあります。事務職員にこの自覚がないと、偏りのある判断で学校に影響を与えているということになります。

　何より怖いのは、「学校事務に精通しているのは自分だけ」という思い込みです。その思い込みで、客観的な現状把握がないまま自分の見方や考え方だけで物事を進めてしまった、その結果うまくいかなかったという経験は、私だけではないはずです。

　校長と違うのは、事務職員の場合、任用一本化の自治体を除き、管理職にならない場合は生涯事務職員であることです。この職の特性が「自分は間違

いない」ということに影響しているのかもしれません。つまり、澄川さんが指摘された「我が道が最良であり、間違いがないはず」との思いになりがちであり、「そうとは限らない」ことを自覚する機会がキャリアステージの中で少ない職種だという点は、事務職員に最も当てはまるということです。

藤田 亮　このことは、行政は間違いを犯してはならない、あるいは、現行の制度や政策は間違っていないと考える、いわゆる行政の「無謬性神話」と言われるものと同じもののように感じます。この無謬性という言葉は、初めて耳にする方もいらっしゃると思います。学校ももちろん行政の一部ですので、「間違っていない」と考える神話が学校にも存在するのではないでしょうか。そして、それを超えるためには、何が必要かということですね。

西井直子　共同学校事務室の組織経営に関しても同じことが言えます。調整監として多くの室長の育成に関わってきましたが、組織の現状把握についても、例えば、若い事務職員が多いことを「フットワークが軽く、柔軟でよい」と言う室長、「経験がないから不安、もう一つ信頼できない」と言う室長など様々あり、それにより組織のモチベーションも大きく異なります。これはその室長のこれまでの経験が影響しているからではないでしょうか。

　本書の基となっている研修プログラムでは、そういった日常にありがちな場面で、どうしてこうなるのか、自分がどうしてこう見るのかを自分に問い直す場面を多く設定しています。そういう点から、まず「自分を知る」ことから始まる研修だと言えるでしょう。

澄川忠男　なるほど、西井さんが調整監として室長を育てる感覚は、校長が教頭を育てる感覚と似ているような気がします。教頭個人の経験で物事を捉えている部分を補ったり気づかせたりということを日常のやりとりの中でしていくと、その経験が教頭に様々な気づきをもたらすのと同じ感じかなと思います。

中澤美明　私は北海道教育委員会職員です。小学校の教員を12年間勤めたのち、教員研修を担当する教育研究所、地方の出先機関である教育局、本庁の指導主事や管理職として、教育行政をトータル24年勤務してきました。長く教育行政にいて校長先生を見ていると、校長の判断には自身の成功経験が大きく影響しているように見えます。その成功経験を生かすことで多くの

問題は解決されますが、**深刻化、複雑化している問題などについては、これまでの成功経験で得たやり方が通用せず、解決に苦労することがしばしばあります。中には、成功経験にこだわり続け、誤った判断をしてしまうこともあります**。

　なぜ、校長はこれまでの成功経験に基づいた判断をしてしまうか、様々な理由が考えられますが、その一つには、**成功経験が美化される**ことがあるのではないでしょうか。一般的に成功経験やいわゆる「武勇伝」は人に話したくなるものです。話す度にどんどん美化されて、より確かな実践として自身にインプットされ、正しいと確信し、それが過信となり、逃れられなくなるのではないでしょうか。経験が豊富で指導的な立場にある校長は、特にこうした錯覚を起こしやすいのです。

　理由の二つ目は、**校長に意見を言う人が少ない**ことが考えられます。西井さんのような職場に唯一の事務職員に意見を言う教員も少ないと思いますが、校長に対してはさらに少なくなります。これは私自身の経験からも感じていることですが、職位が上がれば上がるほど、率直に意見を言ってくれる人は減ってくるのです。これは、話しづらい、近寄りがたい雰囲気を醸し出している私自身に原因があるかもしれませんが、多くの校長からも耳にしていることです。そのため、校長のような高い職位では、客観的な見方が十分できず、自分の判断は正しいと錯覚してしまうのです。

　校長には、適切なジャッジが求められています。そのため、**校長には、判断が自身の成功経験に引っ張られていることを自覚しながら、多様な観点から客観的に物事を捉え、冷静かつ柔軟に対応する姿勢が必要**です。さらに、**教員が校長に意見できる仕組みや雰囲気を作ることも大切**にしなければなりません。

藤田　亮　このあたりについては、機動的で柔軟と言われるいわゆるアジャイル型のマネジメントが必要なのではないでしょうか。令和の時代の学校マネジメントの図（図3-1）でも表現していた、「現状を把握する」→「ありたい姿～課題を設定する」→「具体策を考え・実行する」といったどの場面においても常に「情報収集」があるのもその一つです。情報収集を通して、自分自身を環境に対して変化させるという冷静かつ柔軟に対応する姿勢が必

要とされているのかもしれません。当初はこの図も、「PDCAサイクルを横に延ばしたもの」といった表現をしていましたが、今ではOODAループやAARサイクルという言葉で表現されるものと似ているような気がします。

池田　浩　私は、現在政令市で教育行政の管理職を務めています。公立中学校に27年間、教諭、教頭、校長として勤務し、その後教育行政職員として勤めて11年目になります。本研究会では、自分が学校現場で経験したり学んだりしたことを振り返ったり、教育行政で日々取り組んでいることと往還させながら、研究および研修に関わってきました。

　中学校で教諭として勤務している頃を振り返ると、私は生徒の能力やよさを引き出すという姿勢を基本としながらも、同時に自分自身がよいと思う方向に生徒たちを導きたいという気持ちが強かったように思います。当時のことを思い出すと冷や汗が出る思いがするのですが、正直に言って自身の力量を過信していた時期があったのではないかと思います。また**管理職になってからも、それまでの自身の経験、特に成功した体験を基にした方針を教職員に押しつけていたこともあった**ように思います。むしろ、それこそがリーダーシップの発揮であると思いたかったのかもしれません。もちろん、半ば強引に方向性を示すことで、いくつかの難しい事案が解決に向かったこともありましたが、一方で私の考えややり方に納得できていない教職員がいたことも事実です。

　私は、本研修の様々な場面、受講者の皆さんがそれまでご自身が経験してきたこと、特に成功体験が判断や行動の基盤になっていることが多い様子を見る度に「私自身もそうでした……」と心の中でつぶやいていました。しかしその上で、「多くの人が自身の経験に基づいて判断・行動しがちになる。だからこそ、自身の考え方・行動の『クセ』を自覚することが大切です」と繰り返しお話ししてきました。

　また、本研修におけるいくつかの演習で、**受講者が成功体験とともに、いわゆるセオリーに引っ張られて課題解決の方向性や方策を決めてしまいがち**である姿を多く見ました。多くの受講者が、誰から見てもある程度成果が上がると思われること、いわゆるセオリーを解決の視点・方策に考えがちでした。例えば、課題がどんな内容であっても、「職員研修」や「関係機関との

連携」を解決の方策とすることが多く見られました。もちろん、「職員研修」も「関係機関との連携」も、課題解決の方策としては間違いではありません。誰から見ても「正解」と思われやすい方策は安心して提案できます。でも、「それで真の解決に向かいますか」と受講者に問うことがありました。

澄川忠男 中澤さんや池田さんがおっしゃることは、全く同感です。私も述べましたが、校長が教諭時代の成功体験を基に様々な課題に対応し判断していたり、職が違っているときのその成功体験が新たな職での判断の根拠になっていたりすることがありますね。また、成功体験は美化されているということも納得です。

中澤美明 管理職になってからも教諭時代の成功体験などを押しつけてしまうといったお話がありましたが、それは、学校の現状から考えると当然かもしれません。教育行政から学校を見ていると、そもそも、学校には経験を尊重する文化があると感じています。学校では、先輩教師が経験から得た指導技術や教材解釈、子どもとの関わり方などが、経験の浅い教師に師範、模範、口伝などで引き継がれています。また、「教師は学校で育つ」と言われ、毎日の授業改善やOJTなど、経験を積み重ねながら成長していくことが重視されています。教育行政でも「好事例」、「先行事例」など、具体的な経験の集積を参考にするよう助言しています。校長の中には自分の好事例で称賛された方が多いと思います。こうした学校文化の中で育てられ、現在もその中にいる校長が、知らず知らずのうちに経験を重視することは必然です。こうした学校文化はこれからも続き、教員の指導力を高めていくと考えます。**校長は、適切なジャッジをするために、毎日、経験重視の環境の中に身を置いていることを自覚し、経験を大切にしながらも、さらに視野を広くして物事を俯瞰する眼力を養うことが重要です。**

池田浩 澄川さん、中澤さんのお話を聞いて、改めて自分の思考特徴を知っていることはとても大切だと感じました。現在、行政の立場で仕事をしていて、学校で起こる様々な問題への対応に対して指導助言する際、自分が学校で勤務していた頃の経験や、行政に来てから起こっていることのうち対応がうまくいった事例の解決方法を、今起こっている事例の参考になるかどうかを十分に吟味することなく判断材料にして評価をしていないかと考えたので

す。**この研修で学んだことは、受講者はもちろん私たち講師にとっても研修の中で完結するのではなく、現在の業務にいつでも生かすことができ、かつ生かし続けることが大切であると実感しました。**

澤野幸司 私は宮崎県延岡市で教育長を務めています。元々小学校教諭として採用され、40代前半で指導主事として教育行政の職務を担うことになりました。宮崎県五ケ瀬町教育委員会で指導主事として3年間過ごす中で、学校と教育行政の関係について深く考える機会があり、その後の県教育研修センターや本市における校長および学校教育課長としての職務遂行に影響があったと自覚しています。

　池田さんの言われた、セオリーに引っ張られて課題解決の方向性や方策を決めてしまいがち、という点では、私も校長を見ていて同様に思います。というのも、職務上、学校運営について多くの校長と話す機会がありますが、「前任校でこのような実践を行い、職員から好評だったので…」とか、「尊敬する校長がこのような取組をされて成果を挙げていたので、私も…」といった話を聞くことがあります。その度に**「せっかく校長になったのに、もったいないな」と感じます**。学校の自主的・自律的な運営を進めたいと考えていますが、**自身で考え、情報を集め、分析し、学校運営の改善の先頭に立って進めることのできる喜びを感じることができるのが校長**という職だと思います。そのような学校経営を意識している校長もいるのですが、そうでない前例踏襲・経験主義に陥っている校長がいるのも事実です。後者の校長の経営を観察していると、「セオリー」、「正解」、答申や学習指導要領に書かれている「マジックワード」などに無意識なのかもしれませんが、引っ張られがちです。これを校長それぞれが打破するためには、まずはそうなりがちな自分自身を自覚する必要があると言えます。

　また、地教行法に基づき、学校運営全般に関する総合訪問をする際に、学校の教育的課題に対する対策を説明してもらうのですが、多くの学校で「学力向上が課題です。そのためには授業改善が大切であり、校内研究にこのように取り組んでいます」という説明を受ける場合が多いです。つまり、**「どのような根拠に基づいて学力向上が学校の教育的課題と認識したのか」、「どのような学力が身についていないのか」といった現状分析がしっかりなされ**

ないまま、単に全国学力・学習状況調査の結果のみで語ってしまっていることが多々あります。こうした現状を生んだ原因として、「学力向上が課題」と言っておけば指摘を受けずに済んできたという、教育行政の不作為もあると思います。

　私は、本職に就いて、学校の自主的・自律的な学校運営に向けた学校のマネジメント力の向上の重要性を感じていました。そこで、本研修プログラムの核でもある現状の把握ということの意義を理解してもらうために、早速本研修を実施したところです。どのような学校運営を行ってほしいか、学校経営者としてどのようなマインドで学校のみならず地域教育経営を行ってほしいか、そうした視点からの期待を込めて本研修プログラムを実施します。これまで受講してきた研修との違いから、冒頭面食らう校長もいますが、スキルや手法を学ぶのではなく、管理職としての「応用力」、そして自身の思考のクセを自覚する機会になり、その後の職員指導や地域との協働の際の視点がより明確になったとの感想もあり、校長のマネジメント力アップに大きく寄与する機会になっていると感じています。

澄川忠男　澤野さんの発言からは教育長として校長職をどう見ているのかが分かって、校長である私は気が引き締まりました。「もったいない」という言葉がありましたが、その中には**「校長として自分で考えてほしい」**、**「自分で判断してほしい」**という願いが込められているように感じました。残念ながら、同じ校長職の者に対しても、私はそう感じたことがありますから、よく分かります。

池田 浩　私は、澤野さんの**「せっかく校長になったのに、もったいないな」**の意味を、全ての校長にかみしめてほしいと思います。**「自分はどんな思いで校長を志したのか」**、**「校長の業務に生かす自分らしさとは何なのか」**、そのような問いを、澤野さんの発言をきっかけに考えてみてはどうかと思います。もちろん、私も自問します。「今の自分は、自分の目指していた姿に近づいているのだろうか」と。**本研修は、業務遂行に関する学びだけでなく、プロフェッショナルとしての自分の在り方を自分自身に問うきっかけにもなり得るのではないでしょうか。**

澤野幸司　お二人の話を聞きながら感じたことがあります。多くの経験や

キャリアを重ね校長という職に就いた方にとって、本プログラムを受講する機会は、校長として一旦自身のキャリアをリセットし、「採用」という言葉の意味を噛み締める時間としても機能しているのかもしれません。

藤田 亮 そうですね。校長は「昇任」ではなく、「採用」ですからね。私は現在、市教育委員会の指導主事を務めています。教員になる前に一般企業に就職しましたが、その後教員を目指し、科目等履修生として大学に通いながら教員免許を取得し、中学校で採用されました。民間では自己研鑽が当たり前のような風潮にあったので、採用後に特別支援学校の免許状の取得、大学院修学休業制度の利用など、貪欲に外の世界へ学びを広げてきました。

この研修プログラム開発や研修の講師を行っていた当初には、中学校で教諭として勤務していました。それこそ、一教諭がプログラム開発や校長を前にして研修をしてよいのかどうかと当初は考えていましたが、その経験は中学校教諭として学校にいたときも、また今の市教委事務局でも生かされています。

例えば私は、**学校で勤務している際に、管理職に何か事象を報告するとき、この人は「〇〇に関しては細かいことを言う人だからなぁ」と思った**ことがあります。それは、管理職が常日頃からメッセージとして伝えていることももちろんありますが、**その人から無自覚的に表現されているもの、こだわるところ**があったからそのように思ったのです。それは本研修プログラムで言うところの、強みであると同時に弱みでもある、まさに「経験に左右」されている管理職の立ち振る舞いということになります。

また、**「教育課程」という言葉一つをとっても、その意味を考える際、経験に左右される**ことがあるでしょう。学校の教育計画のように教育者主体で計画したものと考える人、また学習者が身につけた教育内容のように学習者主体の学ばれたものと考える人など様々です。しかし、これは、どちらが正しい、間違っているという話ではありません。本文中でも何度も述べていますが、**自身の経験や学習によって、その考え方にはクセや偏りがあり、そのことを自覚することが大切だ**ということです。

ただ、実際、本書をまとめながら、私自身も改めて気づいたことがあります。それは、「自分の経験や知識に左右される」ことをあまりに意識するこ

とで、自分の今のモノの見方を否定する姿勢になり過ぎていたことです。池田さんも述べられていましたが、本研修プログラムを今受講している状況ではないにもかかわらず、**この研修を通して自分をメタ認知し、改めて自分のクセや偏りに気づかされるのがこの研修の魅力**なのかもしれません。

澄川忠男　藤田さんは、教諭時代から指導主事時代まで、常にこの研修に関わってきていました。だからこそ、管理職目線で物事を捉えられているのだと思います。校長としては、このようなミドルリーダーが校内にいると、とても助かります。

藤田 亮　そう言っていただけるとうれしい限りです。一緒に働かせていただいた校長にも、「職員会議や職員朝礼の際に私が学校経営の視点から話した内容に頷いているのは君くらいだ」と言われたことを思い出しました。**ミドルリーダーと言われる層にもマネジメントの感覚が必要**ということですね。

澄川忠男　このことから分かるように、校長になってこの研修を受けるよりも、教員からもこの研修を受けることは、令和の日本型学校教育を進める上で役立ちます。ちなみに、対課題行動（マネジメント）の研修は、教員向けのプログラムも作成し、実際に実施もしています。

西井直子　少し戻りますが、中澤さんが話された「成功体験の美化」は、本当にそうだと思います。もしかすると、時の経過に伴い、事実より大きな成功になっているのかもしれません。

　同時にこれは、管理職や事務職員に限ったことではないと感じています。研究会でも話題にしてきましたが、教員も学級のリーダーです。誰もが自身の経験や価値観で判断してしまいます。だからこそ、本研修プログラムは全ての職員に伝えたい、本書も多くの職員や教育関係者に読んでほしいと思います。こういったこともあり、三重県ではこの研修を主査（事務職員）と新任主幹教諭の合同研修で実施していますし、他県でもそうした例があります。

　池田さんご指摘の「セオリーに引っ張られる」場面は、研修で目の当たりにしてきました。例えば「分析」での「『学力調査』の結果が低い」という原因分析で、原因を決め打ちして演習を進めようとする方がいます。原因分析のロジックツリーの最下段に先に真因を書き、そこから上に向かうツリー

を作ろうとされた方もありました。受講者は長い経験の中で、「学力を上げるのはこれが最善」、「原因はこれ」というセオリーをもっているということでしょう。

　同時に、意識の外にまで視野を広げる難しさを感じる演習でもあります。これは「情報収集」でも同じです。地域、教育委員会、警察などの機関を情報収集の対象として思い浮かべる研修参加者は少ないです。さすがに「地域」は挙げられますが、その他は本当に少なく、必要だと思う情報にも、入手先にも偏りが顕著に見られます。自分が県教委にいた頃、「なんだか淋しいなぁ、教育行政は指示する機関でしかないと思われているのかな」と、講師をしながら思ったものです。

藤田 亮　セオリーという言葉で表現されていますが、私はいわば「成功の罠」とも表現できると考えています。この本を通して、learn（学び）→ unlearn（学びほぐし）→ relearn（学びなおし）の学習サイクルを自ら回せるようになることを期待しています。

池田 浩　私も本書を管理職だけでなく、学校に勤務する多くの教職員の皆さんにも読んでもらいたいと思っています。その理由は二つあります。

　一つ目の理由は、**管理職がどんなことを考え、どんなことを大切にして課題解決を図ろうとしているのかについて教職員の方が知ることは、その学校の総合力を高めることにつながる**と考えるからです。時には、課題解決のプロセスで、校長に疑問に思ったことを問うことも必要かもしれません。

　また二つ目の理由としては、**本研修で身につけられる力は、学級担任だけでなく、養護教諭、学校事務職員、地域教育コーディネーター等にとっても、それぞれの業務を遂行する上で必要な力である**と考えるからです。学校経営において、校長がリーダーシップを発揮して課題を解決するプロセスは、学級担任が学級で発生する様々な課題解決のプロセスと相似形にあるのではないでしょうか。また、養護教諭の課題解決、さらに学校事務職員、地域教育コーディネーター等の課題解決も、同じく相似形なのではないかと思えるのです。

藤田 亮　池田さんの話を聞きながら、私はこれって"共同エージェンシー"と関係するのではないかと思いました。

葛西耕介 藤田さんから「メタ認知」という言葉が出ていましたが、**状況に没入せず、今職場で起きていること、そしてそこでの自分を冷静、客観的に鳥瞰することは、組織のリーダーにとって不可欠な視点**ですね。というのも、リーダーまでが状況に没入してしまうと、気づいたときには組織全体が大きな海で漂流してしまっているかもしれません。そのためには、「分かっちゃいるけどやめられない」という自身のイナーシャ（心理的慣性）を自覚しておく必要がありますし、リーダーとして組織を開発し教職員の成長を促す際にも教職員にこうした視点をもってもらうような関わり方が必要ですね。

2.「応用力」とは

葛西耕介 さて、2点目に移りますが、**本書や本書の基になっている研修プログラムでは、校長等学校管理職の「応用力」の開発を意図していますが、この「応用力」の意味内容が研修参加者や読者にはつかみにくい**ところだと思います。それは、研修と言えば何らかの知識・正解を与えてくれるものだという従来の感覚からすれば当然のことかもしれません。自身の中にある「応用力」を自覚し、それを引き伸ばすという従来とは異なる本研修のねらいは、半日だけのお付き合いではなかなか研修参加者に伝わらないように思います。

私は、この「応用力」を研修参加者に説明する場合、**「知識ではないもの」、「パソコンでいうとアプリではなく OS」、「暗黙知ないしカン・コツ・経験の精度を上げたもの」といった説明**をしています。改めて、本書やその基になっている研修プログラムで気づきや開発を意図している「応用力」とはどのような力なのか、皆さんそれぞれの職場、職種に引きつけながら、具体的に説明をしていただけないでしょうか。

澄川忠男 日々、学校で管理職や教諭等として業務をする中で、こんなことはありませんか。

・「前年度はうまくいったのに、今年はダメだな」
・「前の学校ではうまくいったのに、この学校ではうまくいかないな」

・「自分が生徒指導主任だったときはうまくいったのに、このやりかたでは
　ダメだった」

　それはどうしてかなと考えたことが一度や二度はあるはずです。

　すでにお気づきとは思いますが、それは、以前の**成功体験のときとは環境
や相手が違う**からです。そのときとは、打ち手を変えなければならなかった
のに、以前の成功体験から導き出される解決策で対応してしまったためにう
まくいかなかったのです。

　私たちは、若い頃から様々な研修を受けてきています。それらの研修は「こ
うやったらうまくいきました」、「こんな成功体験があります」といったもの
が多かったのではないでしょうか。「正解」を示し、その通りにやればうま
くいくであろうという研修です。そして、そのような研修を受けた我々は、
実際にうまくいかなかったとしても「あの偉い先生が言うことだから間違い
ないはずだ」、「自分のやり方が悪かったのかもしれない」などと思ってしま
います。こうしたらうまくいくという「How To」ものの研修だったのでは
ないでしょうか。

　それに対して、本研修プログラムでは、「正解」はありません。「うまくい
く方法」や「成功体験」を伝える研修ではないからです。このプログラムで
は、「応用力」を身につけてもらうことを目指しています。

西井直子　「応用力」とは何か、正直に話せば、私はこれがこの研修を進め
てきた中で一番悩んだところです。そもそも、「これを言葉で説明しよう」、「理
解してもらおう」としていたこと自体が、認識の誤りだったのです。つま
り、研修の本質から外れて、「知識」として言葉の説明をしようと頑張って
いた自分がそこにいました。

　それでもあえて「応用力」を言葉にするならば、それは葛西さんの言われ
る、「知識」ではないもの、パソコンでいうとアプリではなく OS、暗黙知
ないしカン・コツ・経験の精度を上げたものとなります。

　例えば、「情報収集」に管理職としてどう向き合うか、「分析」にどういう
ポイントが必要か、学校教育目標を「構想」する際には「新しい学校の在り
方として学校の在りたい姿を考える際には何がポイントなのか」などをつか
むことです。そしてこれらには、全ておかれた状況を把握し、分析するとい

う現状把握が必要であり、それがあって初めて対応策を考えることができるということなのです。

「応用力」とは分かりにくいものだと思います。ですが、本研修の伝えたいこと、「自分に落ちた」考え方を生かすことが「応用力」だとも言えると思います。「どんな状況でも正解はないのですよ」、「それをそのまま使えるものではないのですよ」、「使うのは自分を知ったあなた自身であり、その状況に応じて判断が必要なのです」ということなのです。

だからこそ、研修の際にはどの講師も皆さんに向けて、同時に自分に向けて、「正解を求める研修でも、知識を学ぶ研修でもありません」ということを繰り返し口にしているはずです。これまでの経験を否定するのではなく、その経験が自分の判断に影響していることに気づき、自分のクセや偏りを自覚する大切さを伝えているのです。それでもやはり、従来の研修スタイルから抜け切れず、もやもやとした思いで研修を終えられる方は多くいると思います。ぜひ繰り返し研修に参加し、自分で「応用力」をつかまれることをお勧めします。

澄川忠男　西井さんがおっしゃるように、講師をしている我々でさえ「応用力」を言葉で伝えることは難しいと感じています。

演習を繰り返すことで、管理職として勤務している現場のことを「情報収集」することから始めます。そこで、私たちは「経験に左右され」て業務を行っていることに気づくことからスタートします。**大切なのは「どこでも役立つ正解」を学ぶことではなく、「置かれた状況を把握・分析し、対応策を考えることができる力」＝「応用力」を身につけること**です。

私たち管理職は、どんな学校に赴任するか分かりません。経営を任された学校で、現状を把握し、課題を見つけ、対応策を考え、実行し課題解決をすることを常に求められています。そのような職にありながら、**過去の経験によって蓄積している成功体験だけでは課題解決はできない**のではないでしょうか。**だからこそ、「経験」を大切にするとともに「経験に左右されること」を自覚した上で、「置かれた状況を把握・分析し、対応策を考えることができる力」＝「応用力」を身につける必要がある**と考えます。

中澤美明　西井さんは、この研修テキストで使われている「応用力」を言語

化することに苦労されていますね。実は私も同じです。言語化が難しいのは、これまでにない概念だからかもしれません。

　校長は、経験や研修で学び、身につけた知識・技能を活用して具体的な行動を起こしますが、その際、**成功につなげるために必要な「見方」や「考え方」、「姿勢」**があり、それを本研修で開発したい「応用力」と捉えています。これは、どの学校に赴任しても、その学校に応じた成果を上げるために校長として必要なもので、言い換えれば、**校長に必要なコンピテンシー（資質・能力）の一つ**ということができます。校長の中には、どの学校に異動しても必ず成果を上げて結果を残す方がいますが、このような校長には「応用力」が身についていると言えます。

　この「応用力」は、校長や教育行政の研修担当者などは、肌感覚で大切であると分かっていたのですが、定義しづらく、説明だけでは理解しにくく、さらには、自身の経験や行動、認知特徴までも客観視し、体感しながら培っていくものなので、言語化されることがなく、これまで注目はされてこなかったのです。

　「応用力」は例示することで理解が深まります。例えば、本書で述べられている、幅広い観点から情報収集し、漏れ、落ちなく分析して課題を解決しようとすることは、成果に結びつけるために重要な見方や考え方です。また、自己の思考特徴を理解した上でマネジメントにあたるなど、自己をメタ認知する姿勢は、適切なジャッジを行うために必要なことです。さらに、ものごとを客観的に捉えたり俯瞰したりすることは、高い職位である管理職に大切な姿勢です。

　こうしたことは、これまでの知識や技能の伝達を中心としてきた講義や演習の研修では十分に伝わらないのではないかと考えています。講師や他の受講者と交流・比較する協議・演習やリフレクションなどを取り入れた事例研究を通して、考え方や姿勢、自分自身の思考特徴などに、自らが気づいていくプロセスを踏み、受講者が納得することにより、理解が深まるのではないでしょうか。したがって、このプログラムにおける事例研究は、教育相談などの知識やスキルなどを身につける演習とは、似て非なるものなのです。

　学習指導要領の大きな柱の一つに「資質・能力の育成」が位置づけられ、

学校での指導は、コンピテンシー・ベースに変わりつつあります。直接指導にあたる教員やその教員を指導する管理職の研修においても、コンテンツを伝えることからコンピテンシー（資質・能力）を養うことに内容を改善することが重要ではないでしょうか。

池田 浩　講師を何度も務めたことがある私にとって、この「応用力」とは何かを問い続けているプロセスそのものが、自分にとっての大きな学びの場であると考えています。現在、教育行政という立場で仕事しながら、学校における「応用力」と教育行政の「応用力」は、共通するのかそれとも違うのか、そのような問いをもち続けています。現時点で、私はその両面があると思っていますが、では共通するのはどんなことか、違うのはどんなことか、研究に関わってから数年間、ずっと考え続けています。

　そんな私が、本研究における「応用力」とは何かと、今考えていることは次の通りです。

　　1. 自身の行動や考えを客観的に捉えてメタ認知し、自身のよさと課題や行動の傾向を理解した上で、よりよい在り方を求め続ける姿勢を持つこと
　　2. 自身の行動や考えに対立する人などをしなやかに受けとめ、よりよい在り方を創造し続けようとすること
　　3. 常に、時間・空間・分野を俯瞰的に捉え、行動することができること

　現時点ではこのように考えていますが、これからも考え続け求め続けることによって、きっと変わっていくのだろう思っています。この「応用力とは何か」を求めるプロセスそのものが、私のよりよい教育を創造する「旅」であり、本研究および研修に携わって、最も自分の成長にプラスになっていることのように思えます。

　簡単に答えが出ない問いをもち続け、考え続けること。そして、そのプロセスこそが、自身の成長に欠かせないことであること。本研究に関わっている私が強く実感しているこのことを、受講者の皆さんにも伝えたいと思い、研修講師を通してそのメッセージを送っているつもりです。

澤野幸司　かつてまだ若手の小学校教員だった頃、先輩から「校長先生がこう言っている」、「講話で教育長がこう言った」という話を聞くと疑いもせず、

そのことを実行に移すことが成功の鍵みたいに考えていた自分がいました。今、教育長という職務を担っていると、私の経験など解決に向けて何も役に立たず、大切なのは現状把握をしっかり行うこと、その現状を的確に分析した上で手立てを講じることの大切さを実感します。**「応用力」とは、こうした一連の取組の中で常に自分自身がアップデートする中で獲得されるスキルやウィルの総称である**と思います。また、より高い視座から現象を捉える俯瞰的な物の見方や考え方ができるようになるためには、多くのステークホルダーの意見等を聴くことも重要です。管理職によっては「辛口の友人」の存在を疎ましいと思うか、大切な友人と思い意見を聴くかでその後の対応や着手ポイントの幅が異なってくるように思います。スポーツのトップリーグの監督と話をする機会がありましたが、自費でリーダーシップ向上のために専門家（トレーナー）を雇い、自身のマインドセットや組織風土改革のためのトレーニングを重ねているのだそうです。そういった方々と話をする度に、私自身の反省とトップリーダーが自身を常にアップデートする意識を持つことの大切さを感じます。

藤田 亮 私も「応用力とは何か」と言われると、断言できるものではないと答えるでしょう。読者の中にも、もしかしたら、唯一解を求めてしまうこれまでの慣性から、「応用力とは何かと断言してもらえないのはちょっと……」と思われる方もいるかもしれません。

あえて答えるとすれば、「応用力」については、本研修の「情報収集」プログラムでも、対課題能力（マネジメント）と対人関係能力（リーダーシップ）として描かれています。ただ、ここで気をつけておきたいのは、その知識や手法ではないということです。本文中でも述べている箇所がありますが、言うなれば、対課題能力は内なる自分と向き合う力、対人関係能力は外なる自分との向き合う力とでも言いましょうか。私自身、**令和の時代の学校マネジメントに必要とされる力の一つに、「振り返りの対話」をする力が必要**だと考えています。**自律した学習者として、内なる自分と向き合う自己内対話や多様な価値観をもった他者との対話等を通じて、振り返りを行うことが必要**だと考えているからです。このことは教員免許更新制がなくなり、教育公務員特例法の一部改正による各種ガイドライン等でも述べられていること

同様に、「対話」が令和の時代の学校マネジメントのキーワードの一つとなることは間違いないと思います。ただ、教師の場合は、これまでも学級経営において子どもたちと向き合いながら自分と、他者とそれぞれに対話してきたはずです。それが、それぞれ学校経営、教職員に置き換わるだけの話だけだという考え方もできると思いますが……。

澄川忠男 この「応用力」に関しては、それぞれの立場で述べています。これこそ、個人の経験で左右されていることを私たちは強く感じていますし、本書を読んでくださっている方々も感じられたのではないでしょうか。

　この研修に講師として携わっている我々がこれでよいのかなと反省するところはありますが、「応用力」が発揮される場面は個人の職や環境や経験によって全く違います。そのことを自覚した上で、「自分にとっての応用力」が発揮されたと感じることができればよいのかなと思います。曖昧で申し訳ないですが、「今までとは違う考え方」、「幅広い考え方」、「先を見通した判断」、「相手の立場に立った捉え方」など、今までの自分と少し変わったなと思えることができれば、自分のクセや経験だけに囚われていないことになるのではないでしょうか。

西井直子 皆さんの話を聞きながら、再び「応用力とはなんぞや」と、説明しようとする自分に、これではだめだと思いつつモヤモヤしています。でも、実は私はこの「モヤモヤする時間」が嫌いではありません。正解を求めているわけではなく、知識をつけるためにではなく、プログラム全体を思い起こし、あれこれ考え、自分を振り返り、ああそうだったなとうまく言葉にできないものがぼんやりと形になって見えてくる時間でもあるのです。

　長い間、本研究に関わってきたことで、こうした振り返りの時間や研修を通して見えてきた自分を自覚し、日々の行動を考えるようになりました。事務職員という職の概念をいったん外に置き、全体を広く見て状況判断する、行動する（課題に対応する）ことを心がけています。そこから見えてきたことを、職場に一人しかいない事務職員である自分の判断に生かすということの繰り返しです。同時に、学校の中の一人職種、共同学校事務室の長の判断の重さもより強く感じます。そんな中で、「抜け、漏れ、落ちなく」、「客観的か」というフレーズが頭の中に浮かんでいることに気づき、苦笑すること

もあります。

　中澤さんが言われる「見方」、「考え方」、「姿勢」が、私なりにやはり以前とは異なってきているということになるのでしょう。こう考えると、こういったことが「プロセスの中での納得」であり、「求め続ける姿勢」の中で私についてきた力であり、「応用力」だと言えるかもしれません。

池田 浩　「OECD Future of Education and Skills 2030」では、**生徒エージェンシーを、「変革を起こすために目標を設定し、振り返りながら責任ある行動をとる能力」**と定義づけています。それは、「働きかけられるというよりも自らが働きかけることであり、型にはめ込まれるというよりも自ら型を作ることであり、また他人の判断や選択に左右されるというよりも責任をもった判断や選択を行うこと」を目指しています。

　子どもたちにこのような力をつけたいと願うならば、まず私たち大人、特に子どもたちが多くの時間を過ごす学校の教職員が、**「変革を起こすために目標を設定し、振り返りながら責任ある行動を取る能力」**を身につけ、子どもたちと共に主体的に社会を変革していくことが大切ではないでしょうか。

　私は、**本研修で大切にしている「応用力」を身につけることは、このエージェンシーにつながっている**と考えています。本研修における「応用力」は、ここまで多くの方が言葉にすることが難しいとおっしゃっていますが、本研修を通して「応用力」とは何かを問い続けるプロセスは、前述の「責任をもった判断や選択を行うこと」につながるはずです。

　私たち研修に携わった者も含め多くの方々と、本研修における「応用力」が未来に向かってどのような意味を持つのかについて、改めて語り合い、考えてみたいと思っています。

澤野幸司　学校には様々な課題が山積しています。服務監督権者である市町村教育委員会には、保護者や地域住民から多くの指摘が寄せられます。その度に学校に解決への方向性や手法をきめ細かく指示命令を出すことが、本当に持続可能な学校運営もしくは校長という職を務める者にとって幸せにつながるのでしょうか。私は、全ての課題が学校で解決できるとは、当然考えていません。教育行政の責任で解決に導かなければならないこともあります。そういった意味では、教育長という私自身が「応用力」を身につける必要が

あります。一方で学校が地域とともに設定した学校教育目標の達成に向かって進む際には、多くの新たな課題が顕在化し、その解決に向けて校長としてマネジメント力を発揮する必要があります。その力の根源が校長としての「応用力」であると思います。「教育委員会が何もしてくれないから、課題が解決できない」といった指摘を受けることもありますが、私自身の「応用力」不足なのか、校長の「応用力」が発揮されていないのかを見極めて対応することも重要だと思います。なぜなら「応用力」は、意識的なアクションや取組の中で身についていくものだと思うからです。

葛西耕介　様々な説明がされましたが、個別具体的な事情が捨象された教科書の世界とは異なり、同じ場面が二つと存在しない複雑な現実において自律的に職務を遂行していく専門職の仕事は、ある知識の「合理的な適用」といった単純で反復的なものではありませんね。常に動いている状況や、手持ちの資源、自身の得意不得意を掛け算して、打ち手が決まってきます。それを導き出すのが「応用力」なのでしょう。

　したがって、専門職の研修は、事前に汎用的・抽象的な知識を詰め込むことよりも、場面によって異なる「最適解」を自身はどのように追求してきたのか、どうすればより質の高い仕事ができるのかを振り返り、省察する仕掛けが大事になります。これを「省察的実践」と言ったりしますが、振り返りには、具体的な事例の検討を通じた（ケースメソッド）、他者とりわけ同職者との、「気づきの交換」が有効のようです。

3．本研修プログラムの「効果」とは

葛西耕介　さて、最後の3点目として、本研修の「効果」についてディスカッションしていきたいと思います。研修効果をどこに設定するべきなのか、それをどういう指標や方法で測定するのか、そもそも測定できるのかというのは学術上も近年の大きな論点になっています。もっとも、研修効果の測定・客観化が難しいとはいえ、研修効果の問題は研修を実施する側にとっては避けて通れない問題です。講師を選定し費用を負担する研修主催者としてもこ

こに関心があると思います。

　この点、本書の執筆者の皆さんは、学校管理職研修プログラムの開発、実施に約10年間関わってきています。その中で、この研修プログラムに自分たち自身も影響を受けながら「成長」し、仕事の進め方が変わってきたと思います。そこで、この研修プログラム内容は皆さんにどのような具体的な影響を与え、また、ご自身の実際の「行動」がどのように変わったのか、読者に具体的なエピソードもご紹介いただきながら、述べていただけないでしょうか。そのことが、本研修プログラムの「効果」の一例を示すためには、最適だと思います。

澄川忠男　始めに述べておきたいのは、**自分の行動は変化したと思いますが、現在の状態にすぐに変化したわけではない**ということです。最初はほんの少しの変化であったはずです。自分でも気づかないくらいの物事の捉え方だったり考え方だったりが変化してきたのではないかと振り返っています。そして、自分自身が研修開発や研修講師を実施をする中で、少しずつ現在の状態になってきたと思っています。つまり、意識しながら繰り返すことが大切であるということを強く感じています。

　研修プログラムを受けたときの「違和感」を忘れないでおくことで、日々の物事の捉え方についての自分自身に起きる変化は雪だるまが大きくなるように確実に自覚でき、自分が変わることを自覚できるようになってくるはずです。ここであえて「違和感」と述べたのは、今までの研修とは違うことを自覚する中で起きてくる、「自己の思考特徴（クセ）」に気づき「経験に左右されていたこと」を自覚したり、「正解」ではなく「考え方」を学んでいるんだと自覚したりすることを指しています。

　私たちは、**管理職が所属教職員よりも高く広い視野をもち、時間的にも空間的にも先を見通して、これから先の方向ややるべきことを示すことが必要**だと思っています。研修を受けた後、このような意識をもって自身が勤務する学校へ戻っていくことができたり、教諭と管理職との職の違いを意識して経営する視点をもって所属職員と接したりできるようになってほしいと願って研修プログラムを実施しています。

　具体的に私自身が校長として学校経営する中で、この研修に関わる前と比

べて、意識していることや行動が変わったことを述べてみます。この学校管理職研修プログラムは、実はマネジメントだけで成り立っているわけではなく、マネジメント（対課題行動）能力開発では「1情報収集」、「2分析」、「3構想」、「4企画」、「5実行」、「6判断」、リーダーシップ（対人行動）能力開発では「1組織を見る」、「2チームを見る」、「3個人を見る」、「4理念浸透の考え方」、「5対話する力」、「6伝える力」という構成（各3時間）になっています。これら、12の視点で物事を捉えることができるようになったと思います。

　私自身が赴任した学校で特に意識していることを挙げると、校長として次のような行動をしています。

・赴任した学校の現状を知るために、全ての職員や地域の方やPTA役員とできる限り早い段階で個別に話をする。

・赴任した学校の学校教育目標が、現状を踏まえたものか、児童・教職員・地域の方が覚え、それぞれの思いを反映しているものかを考える。

・日常業務の中で日々校長に報告されることを、報告者が客観的に捉え、分析しているかを考えて、そのようになるように助言する。

・日々、管理職として、児童・教職員・保護者・地域の方へ、「語る」こと「伝える」ことを大切にして、その中でも、目指すべきところや将来の姿を分かりやすく伝え、何のために様々なことをしているのかが伝わるよう、「伝える力」を磨くことを心がけている。

・「校長」は、「教諭」と職が違い、学校を経営している経営者という意識を忘れない。教諭がやるべきことは教諭に任せる。

　この本を読んでいる管理職の皆さんは、上記のようなことはすでにされているかもしれません。だとすれば、本研修プログラムを受講することで、よりブラッシュアップしてほしいと思います。「校長」になったことが教職人生のゴールではありません。我々は、それを忘れてはいけません。学校を経営する立場でのスタートラインに立っただけなのです。まだまだ、学び身につけていくことがたくさんあります。さあ、経営者としてワクワクした校長人生をスタートさせましょう。

西井直子　研修を受ける、講師をする、他の講師の研修を見る、研究会でディ

スカッションする、その繰り返しの中で、少しずつ自分が変わってきたと感じています。

　事務職員も日々判断が必要な職です。その中で、この変化が仕事の進め方にも変化をもたらしています。「応用力」について述べたことと少し重複しますが、例えば、**何かを考える時、自分の見方や考えが偏っていないか、なぜ自分はそう思うのかを考えるようになり、同時に広く見ること、客観的な情報を集めることを意識する**ようにもなりました。だからと言って、毎日そればかりを意識しているわけではありません。ですが、何かにぶつかったときに、過去の経験だけで判断しようとしていないかを考えるようになった、物事の捉えた方が変わったと言えば分かっていただけるでしょうか。

　経験を重ねるとともに、管理職と学校の在り方、学校の構想、教育課程について話をすることも珍しいことではなくなりました。この時、**管理職の話から、学校教育目標ありきで現状を捉えにいっていたり、前任の校長から引き継いだことだけで考えていたりすることに気づかされる**ことがあります。このように現状把握に偏りのあることが見えた場合、やはり「これでよいのかな」という疑問が生じます。それは同時に自分にも問いかけなければならないことであり、「自分の偏りやクセを知ること」の大切さを改めて感じる時です。

　また、運営委員会などにおいて行事に関する協議を行うときに、**目標からの一貫性、連鎖性を意識する**ようになり、それに疑問を感じた時には、その点を聞くようになりました。昨年までの役職の関係上、今でも共同学校事務室の室長から相談を受けることがよくあります。そんなときに、「組織経営目標と重点目標の一貫性」、「現状把握の大切さ」、「自分の経験だけで判断していないか」、「スモールステップで考えているか」など、室長との話の中で、そのようなことをできる限り探りながら、相手に「伝える」ことを意識しています。

中澤美明　澄川さん、西井さんは、職種が異なっても、それぞれリーダーのお立場で本研修プログラムの内容を生かしていますね。私も6つのプログラムの講師を経験させていただき、教育行政の管理職として見方、考え方、姿勢などについて学んだことはたくさんあります。その中で、特に意識して行

動化していること、また、自身が変化したと思われることは次の通りです。

・判断するときには、幅広い観点から情報収集を行い、事実と解釈を区別して捉え、俯瞰して眺め、情報の漏れ落ちがないように努めている。

・自分の強みや弱み、偏りなどをより意識し、足りないところは、他の職員や外部の力などを借りて補うこととしている。

・自身の MUST 基準を機会あるごとに直接的、間接的に部下職員に伝えている。

・MUST 基準を最小限にして、できるだけ職員が発想しやすく、発想が生かされやすい雰囲気になるようにしている。

・相手の背景や内面をより意識して対応するようにしている。

・重点的な取組を進める際は、スモールステップを踏んで、随時、改善しながら取り組むようにしている。

・自分のクセを変えることは難しいが、行動は変えることができることを職員と共有している。

　これらは、学校管理職だけでなく教育行政の管理職としても共通に大切にすべきことと実感しているところです。これらの考え方や姿勢をしっかり身につけておけば、社会や環境の変化に応用して柔軟に対応していけるのではないかと、手応えを感じ始めているところです。

池田 浩　中澤さんのおっしゃっているのは、本研修プログラムの内容そのままですね（笑）。確かに、この研修に携わっている講師自身がこのプログラムの影響を最も受け、仕事の進め方が変わってきたように思います。この研究に関わって私自身が学んだことは数えきれないほどあるのですが、現在の仕事に生かせていることの一つが、課題解決を考える際に「時間」と「空間・分野」という視点、軸を取り入れ、できるだけ長く・広く・深く考えて打ち手を考えるということです。

　学校現場に限らず行政現場でも、解決しなければならない課題が出現した時、どうしても目の前の課題を解決することに終始してしまいがちです。「時間」の視点では「できるだけ早く」、「分野・場所」の視点では「ピンポイントで打ち手を考える」ことを目指してしまいます。もちろん緊急的な対応においては、まず目の前の火を消すことに全力を注ぐことは大切です。ただそ

のような場合であっても、緊急的な対応の後に、その成果や課題が中・長期的な時間の中でどう影響していくのか、その成果や課題が今後どのような場分野・場所に影響が出ていくのかについて考えることも欠かせません。私自身も学校現場にいた時はもちろん、教育行政の現場でも、そのようになってしまうことがありました。しかし本研究に関わる中で、少しずつ自分が変わっていることを実感しています。

リーダーは、常に俯瞰的に「時間」「分野・場所」について全体を捉え、放っておくと早く狭くなりがちな対応に対して、指導・助言する必要があります。私が教育行政という現在の立場で、具体的に行った主なことは次の通りです。

・市の教育情報ビジョンの作成過程で、子どもたちが将来生きる社会に目を向け、未来から遡って現在の施策を考える視点をビジョンに加えたこと。
・GIGAスクール構想の環境整備において、学校内だけでなく社会教育施設や学童保育等、子どもたちの生活の中でシームレスに環境が整うよう働きかけ、実現につなげたこと。
・教育委員会と市長部局との連携をよりよいものにしていくために、人事交流等、人と人とのつながりを深める施策に取り組んだこと。
・新型コロナウイルス感染症対策で、学校・学童保育・福祉関係・医療機関等、関係各署との連携を広く捉え、対応につなげたこと。
・学校教育と社会教育とのよりよい連携のために、生涯を通して学び続ける環境整備の在り方を時間・場の視点をもって整理したこと。

特に教育委員会と市長部局との関係について、連携の大切さは以前から言われており事案ごとや部署ごとには連携は図られていました。しかし、行政にありがちな縦割りの弊害からか、一つひとつの事例が有機的、継続的に連携することは少なかったように思います。

このような縦割り業務の弊害が生じている状況を打破するため、私は本プログラムで学んだことを生かして、現状に関する情報を自身の得意分野など特定の領域に偏ることなく多面的に収集し、カテゴリーごとに分類しながら整理していきました。また、集まった情報を基に問題の本質を掴むためにツリーを使って課題を分析し、もれなくダブらなくなるように留意しながら、よりよい方策を考えていきました。その結果、連携のさらなる充実に必要な

「人」の配置、新業務の創設や既存業務の統合、さらに施設・設備の改善等に取り組み成果につなげることができました。

　このように、本研究を生かして取り組めることは無限にあり、これからも柔軟でしなやかな発想で考えていくことが大切であると実感しています。現在、研究に共に取り組んでいる皆さん、これまでの研究で関わった皆さん、さらにこれからも研究を通して出会う皆さんと、腹を割って大いに議論しながら、刺激を受けて、自分の考える理想の教育の実現に取り組みたい、心からそう思っています。

[澤野幸司]　私自身は、自分が成長しているかどうかはよくつかめていません。ただ、このプログラムを開発する過程での議論をする中で、普段何気なく「マネジメント」、「現状把握」、「学校教育目標」等、あまり疑問も感じずに用いていた言葉の意味みたいなものについて、深く考えるきっかけになりました。教育長として管理職に話をする機会も多いのですが、もしこの学校管理職研修プログラムの開発や実施に関わってこなかったら、深くマネジメントについて考えることはなかったかもしれません。日常に埋もれてしまって何気なく用いている言葉や概念の意味を考えずにいた自分自身に気づくことができたことも、私にとっては重要な学びの機会でした。

　多くの管理職は目の前で起きている事象を課題だと捉え、解決に向けて力を尽くしていると思います。しかし、ついつい視野が狭くなり、俯瞰的に事象を捉えることができなくなることも多いと思います。自ら本プログラムのような研修に身を投じ、他地域・異職種の方々と同じテーマで意見を重ねる機会を持つことは、管理職としての自己成長にとって有意義であるように思います。その中で、自明だと思っていたこと、あまり深く考えていなかった自己への気づきが生まれるのではないでしょうか。私自身が、本プログラムを開発および運営する中で、そのことを実感しています。

[藤田　亮]　中学校で勤務している時に、学校の職員会議である提案に対して議論のレイヤー（階層）が噛み合わないことがありました。議案として提案しているレイヤーとは異なるレイヤーの意見が出ることで、本来議論すべきではないレイヤーで議論の応酬が続くのです。これもやはり、本編で述べてきた限られた自分の経験からくる偏りやクセによるものです。西井さんも

おっしゃっていたように、**本来の目的に対する手段として適切かどうかについても常に考えることで、物事の判断を健全に行うことができます**。物事を大局的に見渡す、俯瞰する（マクロの）視点や局所的な（ミクロの）視点とも言われますが、学校では学級経営のレイヤー、学年経営のレイヤー、学校経営のレイヤーというように、それぞれの起こっている事象を全て同じレイヤーで物事を捉えるのではありません。それぞれの違いを捉えながら、それぞれのレイヤーで目的と手段について判断を行う必要があるのです。

　今の市教委事務局でも同じようなことがあります。学校から報告や相談事があった際、それぞれの事象に対して断片的な情報しか上がってきません。また、事象に対して、どうしたらよいかと判断を事務局に委ねてくる場面も少なくありません。しかし、あくまで行動の主体は学校です。主体的な学校でなければ、主体的な児童生徒が育つわけはありません。まさにエージェンシーです。そのため、情報を幅広く収集しているかどうか、経験からくる打ち手で判断していないか、その目的や手段を逆に学校に問い返すことも多くあります。さらに言えば最終的な主体的な学校の判断について、その学校の職員がなぜそうするのかを理解し、その上で子どもに対して教育という行為を行うことが必要です。

　また、支援する際には、池田さんもおっしゃっている通り、市教委事務局の立場からという広い視点を生かしています。学校教育という限られた範囲だけではなく、地域、家庭という空間軸や 0 歳から 100 歳までという時間軸を、また市教委事務局内の生涯学習課や図書館、首長部局との連携を意識しています。本研修プログラムの開発や実施に携わる中で、このような仕事の仕方、意識の仕方を持つようになってきたと思います。

〖澄川忠男〗 池田さんが言われている「私たち自身が一番影響を受けた」という部分は同感です。それはなぜか。それは数多くこの研修に携わっているからです。ですから、私たちは 1 回の講義や演習で受講者の皆さんが劇的に変わるとは思っていません。しかし、ほんの小さな気づきは必ずあると信じています。その小さな気づきを意識することで、雪だるまのように気づきが増えてきます。つまり、どれだけ自分の日頃の言動を客観視して、クセがある自分や経験に左右されている自分に気づいた上で、それを受け入れていける

かが、自分が変われるのか変われないかの分かれ目かなと思っています。

　毎日の校長としての行動や考え方は、ほとんどの場合は今のままで大丈夫だと思いますが、どうしても困ったときや解決策が見つからないときは、この研修で学んだことを思い出してほしいと思います。思い出す回数が多ければ多いほど、あなたに変化をもたらせてくれることは確かです。

西井直子　池田さんが話された通り、本研究で一番影響を受けたのは「私たち自身」であるということ、本当にそうだと思います。例えば、最初はこれまでとは全く異なる研修に驚き、マネジメントの順序性だけでも目から鱗のように感じたものです。そして、澤野さんが話されている「深く考えずに当たりまえのように使ってきた言葉」があることに気づき、立ち止まり、考えることを繰り返してきました。澄川さんの話されていた「学校用語」も自分の中で、引っ掛かりを持つ言葉になりました。

藤田　亮　民間企業（銀行）で働いていたときには先輩に「銀行の常識は世間の非常識」とよく言われていました。学校でも同じように言われますよね。「学校の常識は世間の非常識」と。「学校用語」では、地域や保護者に伝わらないのでしょうね。

西井直子　さらに、藤田さんのレイヤーの話、学校あるあるではないでしょうか。例えば、生徒の問題行動が起きた時の協議で、物事が整理されないまま、要因と方策を同時に話してしまっていて、本来必要な方策にたどり着かないと感じることがあります。もちろん問題行動ですから、緊急的に対応が必要なことも多く、深く掘り下げる時間がない場合もあります。でもだからこそ、少し後になっても再度真因を掘り下げていく、そこに対して手を打つというということが必要だと感じます。その時にはレイヤーをそろえた真因分析ができる組織でありたい、経験からくるセオリーに頼った決めつけではなく、ありたい姿を思い浮かべながら、その実現に向かうために今は何が問題なのか、どういう手だてが有効なのかを話し合える組織でありたいと思います。校長のマネジメントでこういった機会を作ることが、学校づくりへの道筋になるように思います。思いつくまま述べさせていただきました。改めて振り返ると、このようなことに気づき、考えられるようになったのも、この10年の間の自分の変容だと感じます。

澤野幸司　免許更新講習制度が廃止され、国を挙げて教職員の研修の在り方が見直されています。私自身、教員研修を所管する教育行政で仕事をしていた際に、研修成果が上がる受講者と研修の成果が生かされない受講者との違いについて考える機会がありました。

　前者は、高い目的意識と研修に対する主体性を有している方が多かったように思います。受講することが目的ではなく、自身の課題（例えば単に授業力向上という課題ではなく、授業の導入で地域教材を取り入れたいが、時間を取られてしまい習熟の時間が十分確保できないという課題を意識している）が明確であったり、考え方を整理しながら聞き、具体は自身で考えていく意思を有したりする方は、その後の成果も上がっていたように思います。逆に、「研修に来たのだから、私によりよい指導の仕方やスキルをつけてほしい」という受動的な態度で臨まれた方の多くは、研修後のアンケートで「自分の求める研修内容ではなかった」という感想を書かれ、その後の成長も少なかったように思います。

　本プログラム開発に関わった皆さんが先ほどから述べられているように、本プログラムの本質は「自分への深い気づき」にあります。他者から指摘されて気づくのではなく、ワークやディスカッションを通してこれまでの「私」とこれからの「私」について、様々な視点から思考し、「自分自身について気づく」ことが、その後の校長としてのやりがいや成果につながっていくように感じています。

葛西耕介　ディスカッションをしてきて、改めて、本研修プログラムでの気づきによって職場での行動が変化すること、しかも、それは、多様な職種にとってそうであることが見えてきました。このことは、本学校管理職研修プログラムの「効果」、「有効性」の一端を傍証していると言えると思います。

　また、ディスカッション全体を通じて、**俯瞰的な視点が必要になる一定以上の職位においては、職種に関係なく共通の視点、仕事の仕方、リフレクションの仕方が必要である**ことも見えてきました。本研修でも時々行いますが、校長と教頭、主幹教諭と事務職員、小学校管理職と中学校管理職など、**職位・職種・校種が異なる研修参加者をあえて混合して組織すると、より自身を相対化し自身の仕事の仕方を振り返ることに有効**です。

今日課題となっている探究的な学びを組織できるのは、探究的な学びを経験した教師の存在が必要ですが、それだけでは十分ではありません。「唯一解」の伝達という従来の日本の学校文化を、探究的な学びに真の価値を見出す学校文化に変える、校長や管理職の力が不可欠です。子どもと教師と校長のそれぞれの学びが、探究という点で相似形になると言えます。探究的、創造的になるためには、まずはいかに自身が囚われているかの自覚が必要だということですね。

教育の定義について

　私たちは至極当然に、教育とはこういうものだと考えている。さらにその考えは人ごとに違い千差万別であることも理解している。しかし、その内容そのものが実は「虚構」ではないだろうかと時々思うことがある。その証拠に、人ごとに違い千差万別であることもそうだが、国によって教育の定義が異なることからもそう思う。もっとも、教育に携わる全ての者が日々その虚構と対峙し、対話をしなければならないことも事実である。ならば、人間一人ひとりが思っている教育の定義こそが重要である。

　人類が約30万年前に地球上にホモサピエンスとして誕生してから、一人ひとりに教育の定義はあったはずである。それは、大きく分けると、自分はどうあるべきか、どうしたいのかという「内なる思い」と、社会の中で自分はどうあるべきか、どうしたいのかという「他者との関係性」と定義できないだろうか。

　30万年の時間のほとんどを占めるSociety1.0と、1万年に満たないSociety2.0以後で教育の定義は大きく変化した可能性がある。農耕社会の到来こそ「他者との関係性」を重要視する教育への定義の変化であったのではないか。以後、Society 3.0、Society 4.0と否応なく教育の定義は「他者との関係性」という虚構に引っ張られ、自分で目的を持って何をすべきかのSociety 1.0から、機械を含めた他者がしてくれるSociety 2.0からSociety 4.0を経験し、さらに、多くを他者がしてくれる時代を迎えるようとしている今、私たちは教育の定義の転換期にさしかかっているのではないか。言い換えれば、「他者との関係性」から「内なる思い」への回帰である。

　と、「教育版2001年宇宙の旅」があればそのモノリスには書かれていたことだろう。

（日渡　円）

もっと深く学びたい人へ

　幸いなことに、日本ではビジネス書が毎月大量に刊行されている。古書店にも新刊本が並び大量に消費されていることが分かる。世の（中間）管理職は、貪欲に学んでいるのだ。一方、教師は、残念ながら読書数の少ない職業である。知識を刷新しなくても、また、経験だけで仕事をしても、自身が"枯渇"していく実感はないようだ。学校管理職はどうであろうか。教諭と管理職の仕事内容、使う知識や能力は大きく異なる。転職に匹敵する学び直しが不可欠なはずである。冗談ではない。本気で言っている。

　さて、リーダーシップ論や組織開発は、大きくは経営学という学問領域に属する。経営学を学ぶ際に難しいのは、簡単に身につき、明日から自分の職場に当てはめて使える、そうした「正解」がないことである。つまり、経営学は演繹的というよりも帰納的な性質の学問であり、具体的な事例を多数蓄積していくことでようやくある程度の法則性・判断力のようなものが自身の中に蓄積されていくのである。そうだとすると、1冊の分厚い教科書をキチンと読めば、（学校）経営者・リーダーとして成功するなどということは言えない。むしろ、たくさんの事例、成功した経営者・リーダーの先例を吸収し、その具体的な状況下ではそれが成り立ち、この具体的状況下ではこれが成り立つというように、経営的な"思考を開発"していくという道を採ることになる。正解をすぐに欲しがり、成功事例を自校に当てはめるといった昭和・平成の学校的思考パターンが染みついている者にとっては、マインドのチェンジが必要になる。どういう職場にも無条件に当てはまることなど存在しない。どういう条件があればそれが成り立つのかを吸収するのである。

　とはいえ、学校管理職が独学で経営学を学ぶのは難しい。それは教育経営学の研究者の側にも問題はあるのだが、そのことを書き出すと長くなり角も立つ。結論的には、平易なビジネス書を幅広く読み、思考を開発していくのが良いであろう。さしあたり以下の本から読み進めてはどうか。本書を手に取ってくださっている方は"意識高い系"であろうから、校長の執筆によるものなど学校管理職業界でよく読まれている本は、ここでは割愛する。

（葛西耕介）

小田理一郎著・松尾陽子マンガ（2017）

マンガでやさしくわかる

学習する組織

日本能率協会マネジメントセンター

社会の変化に対応し進化し続け生き残っていくためには、どの組織も学習し新陳代謝をしなければならない。そのためには「学習する組織」概念を理解しておく必要がある。

中原淳・金井壽宏（2009）

リフレクティブ・マネジャー
―― 一流はつねに内省する

光文社新書

この2人はいずれも現場によく知られた研究者であり、読みやすい著書が多数ある。他の著書に読み進んでいくとよい。

坪谷邦生（2022）

図解 組織開発入門
組織づくりの基礎をイチから学びたい
人のための「理論と実践」100のツボ

ディスカヴァー・トゥエンティワン

管理職は幅広い"視点"と多くの "引き出し"を持っておく必要がある。概念を知っているだけでも、学校で起きている現象の見方は、それを知らない者と比べて、多面的になる。この本を見取り図にして、興味をもった概念への探求を深めていくといいのではないか。

熊平美香（2021）

リフレクション
――自分とチームの成長を加速させる内省の技術

ディスカヴァー・トゥエンティワン

私たちの研究会で開発・実施している学校管理職研修プログラムは、知識注入型ではなくリフレクション型である。リーダーが内発的に行動を変えるためにはその背後にある自身の偏り・クセ・価値観を自覚・省察することが重要だと考えている。こうしたリフレクションの意味や考え方は、本書を読むとよく分かる。

西川 純（2018）

2030年
教師の仕事はこう変わる！

学陽書房

西川 純（2019）

人生100年時代を生き抜く子を育てる！

個別最適化の教育

学陽書房

リーダーは現在の地点、来るべき変化を誰よりもよく知っておき、予測し準備しておく必要がある。こうした本を読んで免疫をつけておくとよいのではないか。

トーニー・シナニス、ジョー・サンフェリポ

飯村寧史・長﨑政浩・武内流加・吉田新一郎　訳（2021）

学校の
リーダーシップをハックする

新評論

繰り返しだが、ある学校で当てはまることが他の学校で常に当てはまるわけではない。文化や法制度が異なる国が違えばなおさら、違和感が生まれる。しかし、その違和感に、ブラタモリ的に言えばその断層のズレにこそ、ヒントや答えがある。

浅野大介（2021）

教育DXで
「未来の教室」をつくろう
—— GIGAスクール構想で「学校」は生まれ変われるか

学陽書房

現行法の下でも、また、校長の経営手腕しだいで、学校はここまで自主的・自律的になれる。マイナスに見えることも、観点を変えればプラスに使える。経営というのはそういうものである。

ご案内

　本書の執筆者がメンバーとなっており、全国の教育委員会職員を中心に構成されている学校管理職マネジメント研究会では、本書のもととなっている研修プログラムを用いた学校管理職研修を全国各地で実施しています。

　2023 年度には、教職員支援機構の校長研修としても実施される予定です。本研修プログラムにご関心をもった読者、教育委員会関係者は、本研究会の事務局である以下までご連絡ください。

> **国立大学法人兵庫教育大学**
> **教員養成・研修企画室 教員研修デザインチーム**
> 　所在地：〒 673-1494　兵庫県加東市下久米 942-1
> 　E-mail：kykk-entry@ml.hyogo-u.ac.jp

　また、やはり本書のもととなっている研修プログラムを用いている、兵庫教育大学主催の教育委員会幹部職員等を対象とする「教育行政トップリーダーセミナー」が、毎年 2 回、全国 4-7 か所で実施されています。ウェブサイトをご検索ください。

　参考までに、2020 年に始まるコロナ禍前の研修実施地域と受講者数を下記に示します。

2017 年度　12 地域延べ 2,435 人
（受講対象者：小・中・県立校長、教頭、指導主事等）
　北海道、長野県、福井県、三重県、沖縄県、函館市、さいたま市、新潟市、浜松市、神戸市、延岡市、沖縄県市町村連合会

2018 年度　12 地域＋成果発表会延べ 2,293 人
（受講対象者：小・中・県立校長、教頭、指導主事・教諭等）
　北海道、長野県、福井県、三重県、沖縄県、函館市、浜松市、神戸市、大津市、天理市、延岡市、沖縄県市町村連合会

編著者

日渡　円（ひわたし・まどか）　第1章、Column10
兵庫教育大学大学院学校教育研究科教育政策リーダーコース特任教授、
学長特別補佐。1957年生まれ。宮崎県教育委員会、宮崎県五ヶ瀬町教
育長を経て、2011年から兵庫教育大学大学院教授。教育長養成を行う
教育政策リーダーコースの開設を提案・主導し、2012年から同コース
開設準備室長、2015年に同コース長に就任。滋賀県大津市教育長（2019-
20年）、大阪府堺市教育長（2021-22年）などを歴任し、2023年から現職。

葛西耕介（かさい・こうすけ）　第2章、文献紹介
愛知県立大学教育福祉学部准教授。1981年北海道札幌市生まれ。東京
大学大学院教育学研究科博士課程修了。博士（教育学）。兵庫教育大学
先導研究推進機構助教等を経て現職。専門は、学校管理職の職能開発、
学校運営への父母参加の思想と制度の国際比較。

執筆者一覧

藤田　亮（ふじた・りょう）　　第3章、第4章、Column7
　　兵庫県加西市教育委員会 学校教育課 主幹兼主任指導主事

池田　浩（いけだ・ひろし）　　第5章、Column2
　　新潟県新潟市教育委員会 教育次長

澤野幸司（さわの・こうじ）　　第6章、Column6
　　宮崎県延岡市教育委員会 教育長

西井直子（にしい・なおこ）　　第7章、Column9
　　元・三重県松坂市立中部中学校調整監兼松坂市共同学校事務室統括室
　　長　現・三重県松阪市立飯高中学校（再任用）主査

中澤美明（なかざわ・よしあき）第8章、Column8
　　北海道立教育研究所 所長

澄川忠男（すみかわ・ただお）　第9章、Column1
　　元・山口県下関市立勝山小学校 校長　現・下関市立ゆたか児童館長

木村淳子（きむら・じゅんこ）　Column5
　　宮崎県延岡市立一ヶ岡小学校 校長

田村和幸（たむら・かずゆき）　Column4
　　北海道三笠市立三笠中学校 校長

毛利繁和（もうり・しげかず）　Column3
　　北海道茅部郡森町教育委員会 教育長

6つのプロセスで理解する
令和の学校マネジメント
── 自律的学校経営を実現するために

―――――――

2023年5月31日　初版第1刷発行
2024年1月31日　初版第2刷発行

編著者　　日渡 円・葛西 耕介
発行者　　鈴木 宣昭
発行所　　学事出版株式会社
　　　　　〒101-0051 東京都千代田区神田神保町1-2-5
　　　　　電話03-3518-9655　https://www.gakuji.co.jp
編集担当　若染 雄太

装丁・デザイン　　弾デザイン事務所
組版・印刷・製本　電算印刷株式会社

ISBN　978-4-7619-2934-3　C3037　Printed in Japan.